吉林省社会科学基金重点指南项目《吉林金融文化研究》（2012A07）

吉林省金融文化发展战略研究

主　编
张晓晖
吕鹰飞

中国财富出版社

图书在版编目（CIP）数据

吉林省金融文化发展战略研究/张晓晖，吕鹰飞主编．—北京：中国财富出版社，2015.7

ISBN 978－7－5047－5763－0

Ⅰ.①吉…　Ⅱ.①张…②吕…　Ⅲ.①地方金融事业—企业文化—企业发展战略—研究—吉林省　Ⅳ.①F832.734

中国版本图书馆 CIP 数据核字（2015）第 137968 号

策划编辑　范虹轶　　**责任印制**　方朋远
责任编辑　邢有涛　单元花　　**责任校对**　饶莉莉

出版发行　中国财富出版社
社　　址　北京市丰台区南四环西路 188 号 5 区 20 楼　　**邮政编码**　100070
电　　话　010－52227568（发行部）　　010－52227588 转 307（总编室）
　　　　　010－68589540（读者服务部）　　010－52227588 转 305（质检部）
网　　址　http：//www.cfpress.com.cn
经　　销　新华书店
印　　刷　北京京都六环印刷厂
书　　号　ISBN 978－7－5047－5763－0/F·2412
开　　本　710mm×1000mm　1/16　　**版　　次**　2015 年 7 月第 1 版
印　　张　10　　**印　　次**　2015 年 7 月第 1 次印刷
字　　数　134 千字　　**定　　价**　32.00 元

本书编委会

顾　问　赵志军

主　编　张晓晖　吕鹰飞

副主编　尹海英　柳明花　王　帅

参　编　徐伟川　刘　静　王　宁　周小琪

张亦濉　高　键

前　言

2006年，党的十六届六中全会通过的《中共中央关于构建社会主义和谐社会若干重大问题的决定》中指出："建设和谐文化是构建社会主义和谐社会的重要任务，社会主义核心价值体系是建设和谐文化的根本"。党的十七届六中全会通过的《中共中央关于深化文化体制改革推动社会主义文化大发展大繁荣若干重大问题的决定》中首次提出了建设社会主义文化强国的战略目标。在国务院颁布的《国家"十二五"时期文化改革发展规划纲要》中明确提出："文化是民族的血脉，是人民的精神家园。当今世界，文化地位和作用更加凸显，越来越成为民族凝聚力和创造力的重要源泉、越来越成为综合国力竞争的重要因素、越来越成为经济社会发展的重要支撑，丰富精神文化生活越来越成为我国人民的热切愿望。在新的历史起点上深化文化体制改革、推动社会主义文化大发展大繁荣，关系实现全面建设小康社会奋斗目标，关系坚持和发展中国特色社会主义，关系实现中华民族伟大复兴。"

当前，文化领域正在发生广泛而深刻的变革，推动文化大发展大繁荣既具备许多有利条件，也面临一系列新情况、新问题。金融文化是社会主义文化的重要组成部分，随着经济进入知识经济和文化经济时代，金融的发展在历经了经济金融阶段、政治金融阶段后，也进入了文化金融阶段。由于文化在整个国家和社会发展中所具有的地位和作用越来越突出，金融文化在金融的发展和运行中也应及时转变角色，金融文化对保障促进金融业积极健康发展的意义与作用已不容忽视，金融文化发展的战略研究不仅具有重要的理论意义，也具有重要的现实意义。

金融文化问题探讨的兴起，使文化在历史的、现实的发展轨迹上拓宽了研究领域，也拓展了研究意义，促使我们在全球化背景下对当代中国正在进行的文化建设进行深入思考。但是目前关于金融文化建设的研究还在起步阶段，还是将金融文化建设当作依从于金融工作的具体措施，对金融文化的发展动向和金融发展的关系知之甚少，对于金融文化价值的认识和金融文化建设的自觉性显得迟钝，而且对金融文化建设作用的前景还未提升到战略性高度来认识。

作为东北老工业基地的吉林省，金融业不够发达一直是制约吉林省经济快速发展的重要瓶颈。但随着意识的改变，吉林省金融业改革创新的步伐也已日益加快，在关键领域不断突破，在有力支持地方经济较快发展的同时，实现了自身实力的快速壮大。但同时，作为金融发展新动力的金融文化的发展状况堪忧：经营理念不科学、创新精神不足、诚信观念淡薄、轻视社会责任。虽然金融文化已经受到各界的重视，但无法满足金融改革、发展的需要。吉林省金融发展正处于重要的转折时期，为了能推动吉林省金融业健康发展，同时也为了更好地实现由文化大省到文化强省的华丽转身，作为金融发展新动力的金融文化的建设就显得越发重要。在文化创新发展被确立为吉林省“十二五”时期经济发展的重点的背景下，大力培育优秀金融文化，在全国范围内树立吉林金融业形象，提升竞争力，是实现金融强省的必然选择。因此，加强金融文化发展战略研究，是繁荣和发展金融业的需要，是提升文化软实力的重要途径，这就加大了吉林省金融文化发展战略研究的必要性和紧迫性。

目前吉林省的文化发展战略体系尚未真正建立起来，某些重要的专项和领域的文化发展战略甚至还处于空白或起步状态，金融文化发展战略就是其一。由于缺乏明确的战略目标的引导、环环相扣的战略措施的保障，对于新出现的发展问题，还不能提出针对性、建设性的应对措施，更来不及做全局性、前瞻性、长远性的设计，这就使得金融文化的发展落后于金融发展的步伐，结果是金融文化在当代的金融发展中很难发挥其作用。

课题组从战略的高度思考吉林省金融文化建设，运用 SWOT 分析模型（态势分析法）分析吉林省金融文化发展战略的优劣势因素，在此基础上进行战略规划，探寻改善金融文化生态环境措施，从理论到实践系统开展研究，旨在基于对金融文化和文化发展战略的理论及实践的总结，分析吉林省金融文化发展战略的优劣势的基础上，构建吉林省金融文化发展战略的总体框架，为政府的战略规划和战略实施提供理论指导，为相关政策的制定与执行提出合理化建议，从而优化吉林省金融文化生态环境，提升金融文化软实力，为繁荣吉林省金融提供有益的决策参考。

本书系吉林省教育厅人文社科重点研究基地——吉林省金融文化研究中心重点招标项目《吉林省金融文化发展战略研究》（2012574）的研究成果。在本书的编写过程中，借鉴了众多学者的优秀成果，在此一并表示感谢。

编 者

2015 年 3 月

目录 CONTENTS

1 金融文化

——金融发展的软实力

文化、金融以及与此有关的两者关系的各种结合，都是社会学、金融学、文化人类学等不同学科领域研究的重要命题；更是具有一系列让人眼花缭乱的双方交融的外在具体表现。但是对于金融文化的研究却仍未在整个社会科学研究的进程中占据重要的一席之地。

对金融文化研究的忽视，原因固然在于金融和文化本身的过于复杂；但是正因为其复杂，才往往成为学者关注的焦点，而不是令人望而却步。尽管不愿意承认，但是我们的确对金融和文化相关问题的研究还停留在比较初级的阶段，在历史的横切面上，对金融和文化的相关问题进行系统的剖析，可以说是学者的专长，但是放眼未来，我们发现对两者认识的脚步却是那么步履维艰。

无论是金融学，还是文化人类学，甚或社会学，我们发现单独用一个学科的知识去认识金融文化这一概念往往是不够的，故而需要站在更高的地方，俯视这些学科，认清金融与文化所交织的脉络，找到两者共生的关键，从而在人类的知识网络上形成一个相对完整的认识体系。

文化问题可以说一直是被学者格外关注的问题，我国 2010 年 10 月颁布的《中华人民共和国国民经济和社会发展第十二个五年规划纲要》，更是将文化问题上升到国家战略的高度，认为文化是一个民族的精神和灵魂，是国家繁荣和振兴的强大力量，在具体的实体领域，文化同样发挥无可替代的作用，成为一个行业或是企业蓬勃发展的脊梁和纽带。特别是随着我国社会主义市场经济的建设和不断发展，经济逐步融入到全球经济中来，对于文化的传承和发展问题逐渐成为我国社会与经济发展中的重要主题。国家将建设社会主义文化，推动文化大发展大繁荣，提升国家文化软实力作为未来五年甚至是未来更加长久的文化发展战略，强调充分发挥文化引导社会、教育人民、推动发展的功能，在此基础上实现中华民族文化的传承和国家的伟大复兴。

而金融业作为我国社会主义建设中的重要的支柱性产业，日益发挥着无可替代的关键作用，特别是改革开放以来，金融业取得了巨大的成就，主要体现在中国金融业的发展日益加快、技术装备水平不断提升、法律制度不断健全、业务品种不断丰富、开放程度日益提高、金融企业管理和监管水平逐步提高等诸多方面。但是在金融业建设完善诸多“形而下”的物质制度的同时，更应该深思金融业“形而上”的精神层面的建设，违规事件和金融危机的不断出现让我们更加警醒当前我国金融业建设中金融文化的缺失，故而对于金融文化问题的研究，让我们不断加强金融业整体硬实力的同时，补上软实力这门课，能够让我们从更大的范围内总体把握现代金融的地位与作用以及对全社会生产、生活、思维、行为方式的意义与影响，把握文化建设对保障促进金融业积极健康发展的意义与作用。

1.1 金融、文化及两者的交融

纵观古今中外金融业的产生、形成和发展，不难看出金融业走过了经济金融、政治金融和文化金融三个不同的阶段。

从西方资本主义发展历程来看，在垄断资本主义以前包括在中世纪以及更早的时期，金融业处于经济金融阶段，亦即金融活动主要是或全部是一种经济活动；现在已知的金融业起源于公元前2000年巴比伦寺庙和公元前6世纪希腊寺庙的货币保管和收取利息的放款业务。公元前5—前3世纪在雅典和罗马先后出现了银钱商和类似银行的商业机构。在欧洲，从货币兑换业和金匠业中发展出现代银行。最早出现的银行是意大利威尼斯的银行（1580年）。1694年英国建立了第一家股份制银行——英格兰银行，这为现代金融业的发展确立了最基本的组织形式。此后，各资本主义国家的金融业迅速发展，并对加速资本的积聚和生产的集中起到了巨大的推动作用。可以说在经济金融阶段的金融业体现的更多的是一种对经济生产活动的促进推动功能。金融企业作为独立运行的经营主体，在整个社会的生产和消费中更多的体现的是一种经济功能的属性。

20世纪20年代西方部分资本主义国家逐渐进入垄断资本主义，金融寡头开始形成并壮大，金融业由此进入到政治金融阶段，亦即金融活动大量渗透并控制国家的政治活动和政权建设阶段。特别是第二次工业革命和二次世界大战的发生让金融业与实体经济的联系更加紧密，并凸显出与以前完全不同的特点。

20世纪50年代以后资本主义借助技术进步和制度创新实现了经济的再度高速发展，随着跨国金融集团和金融服务业的急剧膨胀，特别是现代信息技术的广泛应用，金融业进入到文化金融阶段，亦即金融活动不仅对经济政治产生巨大影响，而且更广泛更迅速地创造着新的生产、生活、思维和行为方式。

1.2 金融文化的内涵

1.2.1 何谓“文化”

研究金融文化之前，我们必须更加透彻的理解文化的概念。文化这一概念，有着非常广泛的含义。从广义文化观的角度而言，文化是指人类在征服改造自然和自身的完善发展过程中，所创造的物质财富和精神财富的总和。从狭义文化观的角度而言，文化是与政治、经济相并列的精神性的东西，它是在某一社会中人们共有的、由后天获得的各种观念和价值的有机整体，是非先天遗传的人类精神财富的总和。

文化具有多样性、区域性、时限性和流动性四个主要特点。多样性是指不同的生物类型，对应的文化是不同的，具体表现为语言、食物、居住地、认知等；区域性是指不同的地理位置，对应的生态环境是不一样的，具体表现为温度、水源、生物的种类、土质等；时限性是指在时间方面，不同的时间段，生物的形态是不一样的。因此，其对应的文化是不一样的。当生物的形态、周围的环境等因素发生变化的时候，必然会造成认知、生活方式等方面的改变；流动性是指在生物的活动范围上面。文化能够相互传播的原因跟生物的活动有必然的联系。

在人类社会发展的方方面面，文化都发挥着无可比拟的重要作用。既表现在文化在对社会发展的导向作用上，又表现在对社会的规范、调控作用上，还表现为对社会的凝聚作用和社会经济发展的驱动作用上。

首先，文化是社会变革的内燃机，任何社会形态的文化，本质上不只是对现行社会的肯定和支持，而且包含着对现行社会的评价与批判，它不仅包含着这个社会“是什么”的价值支撑，而且也蕴含着这个社会“应如何”的价值判断。人类社会发展的历史表明，当一种旧的制度、旧的体制无法进一步运转下去的时候，文化对新的制度、新的体制建立的先导作用十分明显。蕴藏在新制度、新体制中的文化精神，一方面为批判、否定和超越旧制度、旧体制提供锐利武器，另一方面又以一种新的价值理念以及由此而建立的新的价值世界为蓝图，给人们以理想、信念的支撑。因此，人类历史上新制度战胜旧制度，文化起到了内燃机的作用。

其次，文化是社会常态的调控器。如果说新制度代替旧制度、新体制代替旧体制的过程，是社会处于非常状态的表现，那么，新制度、体制建立后，社会在一定秩序中运行发展就是社会常态的表现。由于社会是人的社会，而每个人所处的环境、自身素质和精神物质需求又不尽相同，所以常态中的社会仍然会存在人与自然、人与人、人与社会等矛盾，而且还存在人自身的情感欲望和理智的矛盾。如果这些矛盾不能妥善解决，这个社会的常态就会被打破。从人类社会发展的历史看，人们解决这些矛盾常常采取多种手段，而依靠文化的力量去化解这些矛盾就是其中不可或缺的方面。这是因为，法律、理想、道德、礼俗、情操等文化因子，包含着社会主体可以“做什么”和“哪些不可以做”，应该“怎样做”和“不应该那样做”的意蕴。所以，要化解人与自然、人与人、人与社会等种种矛盾，就必须依靠文化的熏陶、教化、激励的作用，发挥先进文化的凝聚、润滑、整合作用，通过有说服力的、贴近民众的方式，将真诚、正义、公正等文化因子潜移默化地植入民众的心田。只有这样，一个社会才能健康、有序、和谐和可持续发展。

再次，文化是凝聚社会的黏合剂。文化虽然说是属于精神范畴，但它可以依附于语言和其他文化载体，形成一种社会文化环境，对生活于其中的人们产生同化作用，为他们的价值观、审美观、是非观、善恶观涂上基本相同的“底色”，也为他们认识、分析、处理问题提供大致相同的基本点，进而化作维系社会、民族生生不息的巨大力量。

最后，文化是经济发展的助推器。文化对经济的支撑作用主要表现在：一是文化的导向赋予经济发展以价值意义，经济制度的选择、经济战略的提出、经济政策的制定，无不受到社会文化背景的影响以及决策者文化水平的制约。文化给物质生产、交换、分配、消费以思想、理论、舆论的引导，在一定程度上规定了经济发展的方向和方式。二是文化赋予经济发展以极高的组织效能。人作为文化的单元，不仅受文化熏陶，而且也依一定的原理相互感通，相互认同，从而形成社会整体。文化的这种渗透力是人的社会性的体现，它能够促进社会主体之间相互沟通，保证经济生活与社会生活在一定的组织内有序开展。三是文化赋予经济发展以更强的竞争力。经济活动所包含的先进文化因子越厚重，其产品的文化含量以及由此带来的附加值也就越高，在市场中实现的经济价值也就越大。

1.2.2 何谓“金融”

金融的本质是价值流通。其核心是跨时间、跨空间的价值交换，所有涉及价值或者收入在不同时间、不同空间之间进行配置的交易都是金融交易。从行为上来说，金融是一种交易活动，在交易过程本身，金融并不创造价值，但是金融交易通过将未来收入变现的方式来实现增值。故而《新帕尔·格雷夫经济学大字典》将金融定义为资本市场的运营，资产的供给与定价。其基本内容包括有效率的市场、风险与收益、替代与套利、期权定价和公司金融。

对于金融这一概念来说，其构成要素主要有如下五个方面：第一个是金融的对象，即货币。而在金融中货币在货币制度的约束下，能够具有垫支性、周转性和增值性的特点。第二个是金融方式。金融方式是以借贷为主的信用方式为代表的方式，即金融市场的交易对象。采用信用关系的书面证明、债券债务的契约文书等方式联系金融市场交易的双方金融方式是以借贷为主的信用方式为代表。第三个是金融机构，在金融机构组织形式上分为银行和非银行金融机构等种类。第四个是金融场所，即金融市场，包括资本市场、货币市场、外汇市场、保险市场、衍生性金融工具市场等。第五个是制度和调节机制，是对金融活动进行监督和调控。

综上，金融活动一般以信用工具为载体，并通过信用工具的交易，在金融市场中发挥作用来实现货币资金使用权的转移，金融制度和调控机制在其中发挥监督和调控作用。

1.2.3 何谓“金融文化”

金融文化，从广义上理解属于组织文化的范畴，是将文化与金融相融合，金融文化来源于金融实践，又指导着金融实践，具体包括金融企业文化、金融管理文化、金融消费和社会诚信文化、政府金融服务文化等。

罗华素等（1995）认为，金融文化是金融界在特定的社会、政治、经济、自然环境影响下，在长期的业务经营和管理过程中逐步形成的，并为金融界所认可所遵循的具有金融特色的群体思想意识、价值取向、行为方式，是增强员工凝聚力、向心力的精神动力；是价值观念、道德规范、理想信仰等精神支柱的集中体现。金融文化是一个多成分多层次的有机复合体，包括文化环境、文化主体、文化活动、文化控制等几个大的方面，可分为“硬件”“软件”两个大块，四个层次：物化文化、制度文化、智能文化和精神文化，其中，第二、第三、第四层都属“软件”范畴。这四个层次是紧密联系、相互依存的，不可分割也不可相互替代。范恒森（2000）在《金融制度学探索》中明确界定了金融文化，认为金融文化是指“人们在金融实践中形成的，并对一个国家的货币政策、金融组织的经营管理活动等产生持久影响力的思想文化”，并根据金融文化对金融制度结构的影响深度，将其分为金融思维、金融习惯和金融知识三个层次，其中，金融思维和金融习惯处于核心层次。王新（2004）认为，文化与金融相结合形成了金融文化，它可分为货币文化、信用文化、票据文化以及金融企业文化。洪民胜、徐文德（2004）认为，金融文化作为社会文化的一个分支，是社会文化在金融行业的一种存在形态，它的内涵与外延将随着社会经济金融的变化而不断丰富与扩展。具体来讲，金融文化包括物质文化和精神文化两大类。刘敏英（2011）按照马克思主义关于上层建筑、经济基础的辩证关系和金融市场参与主体的行为特征，可以将金融文化分为金融体制文化、金融管理文化和金融经营文化。其中，又将金融管理文化分为三部分：一是金融宏观调控文化，二是金融监管文化，三是廉政文化。

在探讨金融文化的定义的同时，唐双宁、方星海、魏革军等专家学者也对金融文化的内涵和核心做过深入的探讨。唐双宁（2007）通过研究将金融文化概括为贴近国情，体现一般；科学管理，依法经营；内控至上，信用第一；创新发展，造福社会四点。而最终将上述理解从中国传统文化和商业银行企业经营管理的角度将其提炼为“利信义道”四个字。即金融机构不讳言以赢利为目标，但“利”要以“信”“义”“道”为前提，在自身体现为“利”，在他人体现为“信”，在社会体现为“义”，在经营中体现为“道”——按照规律、法制、价值取向运行。在后续的研究中，唐双宁（2011）又将“法”字加入其中，认为在行为上要体现“法”“利”要以“法”来约束，在“利”“法”“信”“义”之上体现为“道”。并最终将中国金融文化进一步概况为“诚信为本、依法经营，科学管理、安全第一，改革发展、以信取利，服务社会、全员和谐，谋略通道、融入世界”。

魏革军（2009）认为我国金融文化是深深植根于我国核心价值体系中的，并把金融文化的核心要义归纳为“信、稳、精、新、义”五个字，其中的“信”指的是诚信，“稳”是强调金融业的稳健经营，

“精”强调的是集约经营引导效益的提高，“新”强调金融业的创新与发展，“义”强调金融业应该承担起相应的社会责任。

方星海则认为良好的金融文化须具备三个重要的概念，第一，金融文化应该包括专业性，良好的金融文化需要从业人员精通专业，并能不断地更新自己的知识积累。形成专业性的一个必要的条件是相关从业人员和企业所在行业必须要有充分的竞争，以及由此带来的淘汰机制，这样才有望形成专业性、专业化。第二，良好的金融文化应该包括服务性，即从业人员能竭尽全力地给客户提供服务。服务性形成的必要条件是具备长期的激励机制，并伴随激励而建立防止“搭便车”现象出现的管理机制和监管机制，以避免企业和个人追求短期利益情况的出现。第三，良好金融文化还应该具备诚信性。而诚信性与服务性类似，同样是金融企业经营发展中对长期利益目标和短期利益目标的权衡。

而吕鹰飞（2011）则认为理解金融文化应该更加关注文化的核心价值把握，而中国金融文化的核心，应是信、义、道等基本内容，并在此基础上形成科学的经营理念、金融意识并外化为金融企业的行为规范和品牌形象。

综上，对于金融文化内涵的理解，本文认为应从继承性、实践性、稳定性三个角度进行理解。所谓继承性是指金融文化的产生和发展都是深深扎根于中国传统文化土壤之上，受到中国传统文化中普适价值观的影响（这些价值观都是金融从业人员在进行金融活动的过程中所必须遵守的行为准则）；所谓实践性是指金融文化的核心目的是指导具体的金融实践，并在金融实践的基础上逐渐升华发展。不可能产生脱离于固有金融实践状况的金融文化；所谓稳定性，则是指金融文化所涵盖的一些准则和规律在一定时间内都是持续的，没有朝令夕改的金融准则，更不会有短期的金融文化。

1.2.4 金融文化的特征

金融文化是一般文化属性与金融属性融合的体现，与其他文化相比金融文化具有丰富的内涵以及广泛的影响力和渗透力，并在很大程度上决定了人们的价值取向和行为。具体而言，我国金融文化凸显出如下几个特征。

首先，金融文化的差异性。经济、社会不同的发展阶段、国家、地区的不同历史传统、不同的政治体制，都有各自独特的文化，也存在着明显的文化差异。纵观世界上金融管理模式和金融体制之所以纷繁多样，诸如英国、美国、德国、日本等国的金融制度都有自身明显的特点，很大程度上源于文化的差异。文化可以彼此学习、借鉴和吸收，但不能完全移植。随着国际经济联系和交往的增多，不同文化虽然出现了一些趋同现象，但并不能改变各自的独特性和差异性。金融文化的差异性决定了不同经济体的金融治理结构和风险偏好。

其次，金融文化的另一特征是包容性。包容意味着共存、共赢、多元和开放。对于经历了长期计划经济的中国而言，金融制度的每次变革不可避免地会引发争论。搁置争议，包容各方，重视实践，勇敢前行，逐步突破成为金融发展中的主流文化。多年来，我国始终坚持金融改革开放不动摇，实际上是金融文化包容性最深刻、最具体的体现。这种包容体现了改革和开放的有机统一。实际上，金融改革的过程就是对内开放的过程。这些年来，我国不断完善金融服务体系、金融市场体系和金融基础设施体系，逐步改变了单一的金融结构、所有制结构和市场主体结构，给每个社会主体公平参与金融活动的权利，并充分享受现代金融发展的便利，这是对包容性最好的诠释。我国不断提高对外开放水平，从引进资金、引进管理技术到引进金融战略投资者，都体现了包容。包容，丰富了我国金融文化的内涵，也为传统的金融文化注入了新的活力和生命力。海纳百川，有容乃大。正是包容，才破解了一个个金融难题，不断取得改革的新进展、新突破；正是秉持虚怀若谷、兼收并蓄、合作共赢的态度，才使我国对外金融合作不断取得新的进展。

再次，渐进性是我国金融文化的又一大显著特征，渐进性思维在中国金融文化中占有突出位置。渐进性在我国具有深厚的传统文化基础，也符合科学方法论的要求。回顾中国金融业改革的历史，几乎每项重要改革都将渐进性确立为基本原则。渐进性是适应金融环境复杂性和我们认识局限性的必然要求，也是一种实事求是的态度和工作方式。这种改革思维和模式不同于激进式的休克疗法，是在遵守社会主义宪法制度的基础上进行的市场化改革，强调利用已有的组织资源推进改革；强调改革、发展与稳定相协调；强调社会、市场和公众的承受力以及对改革的驾驭能力；强调增量改革。

我国金融文化的最后一个特征是自身的局限性。我国金融业的发展，还存在较为明显的行政化倾向，官本位思想还比较严重，这在一定程度上影响了金融业的发展和资源配置的有效性。

1.2.5 金融文化——金融发展软实力

金融文化是相对于资金、技术等“金融物”来讲的着重于塑造“金融人”的一个命题，是人在主导资金运动过程中的精神反映。它通过一定的形式反映为金融理念、金融法律，再作用于人的具体行为。改革开放以来，我国金融业取得了巨大进步，金融硬实力的平面扩张已使我们迈向金融大国，但还不能称为金融强国，其中很重要的一个原因就在于金融软实力不足。解决中国金融业的问题要靠“体、境、魂”三个基本要素。“体”即金融业自身实体层面的努力，包括深化金融改革，加强金融监管，提高监管能力与员工素质。“境”即改善社会环境，包括经济的稳健发展，法制的健全，社会信用状况的改善，以及国际金融环境的优化等。“魂”即金融文化，这是最重要的金融软实力，也是当前金融工作中的薄弱环节和基础性任务。金融企业“业务是叶、管理是枝、体制是干、文化是根”。建设金融强国和金融强省必须加强金融文化建设，大力提升金融软实力。

1.2.6 金融文化的结构

根据文化层次论从逻辑结构上分析，金融文化可划分为两部分。

其一是金融物质文化，是一种以物质为形态的金融文化的外在显现，是由金融物化和创新产生的产品和各种物质设施、文化环境等构成的器物文化。主要表现为：①金融工具，如货币、证券、票据；②金融业务，如储蓄、贷款、结算、出纳；③金融服务，如向金融活动参与者提供的共同受益的服务；④金融环境，如支撑金融服务的各类金融机构以及经营、办公环境，配置先进、适用的硬件设施设备；⑤人力资源，如拥有熟悉国际国内金融市场、具备专业素质和能力的金融人才；⑥为创新金融服务提供的技术支持，如计算机网络、信息处理技术。金融物质文化建设为金融业提供了赖以生存发展的硬件环境，是金融精神文化建设的基础。当代飞速发展的金融物质文化从古老的钱庄到现代金融机构、从算盘到计算机网络、从金融工具、手段、方式的日益现代化都得以体现。

其二是金融精神文化，精神文化方面主要表现为各种金融理论和知识体系、金融发展战略、经营目标和经营方式、金融发展的方针政策和法规条例、金融业务服务方式的创新、金融行业的整体信用状态、金融队伍的意识形态和行为模式等。①金融哲学，即金融员工群体在金融活动过程中所表现的世界观和方法论。它是金融文化最深层的内容，是金融文化的理性原则。它表述的内容是金融与外界的关系、金融在社会中的地位以及处理与外界关系时的结构模式和方式、方法，其核心是思维方式。②金融精神，是指金融员工群体在实践活动中所体现的一种共同的价值观、创业意识、行为准则、道德规范等意识形态。金融精神是金融文化的活力源泉。③金融学术，即金融员工群体在金融实践活动中所运用的科学文化知识和经验。

若根据金融体系理论，从分布领域分析，金融文化包含金融体制文化、金融制度文化和金融组织（经营管理）文化三部分。

金融体制文化是指为保证金融正常运转而人为制定、设计的程序化、标准化的行为模式和运行方式。包括各类金融机构和各类金融市场的设置方式、组成结构、隶属关系、职能划分、基本行为规范和行为目标等。

金融制度文化是指法律法规、规章制度和货币政策、金融宏观调控政策等，即一般意义上的金融活动和金融交易规则；金融业的各种制度和规范，如商业银行的各种财务制度、内控制度等；金融活动和金融交易参与者的行为、职业道德规范、群体交往准则、礼仪和仪典等。

金融组织文化是指各种金融机构的经营管理文化，包含金融监管文化和金融企业文化。①金融监管文化，包括银行业监管文化、证券业监管文化、保险业监管文化，未来还可以考虑纳入交叉性业务的金融监管文化等，一方面，要建立起既符合国际惯例又具有中国特色、强调基于风险的审慎监管框架；另一方面，在兼顾中央银行和具体行业监管部门的管理属性的基础上，形成廉洁、勤政、高效、务实的金融管理氛围。②金融企业文化，金融企业文化是金融文化的重要组成部分，是企业文化在金融领域的延伸，包括金融企业的基本价值观、经营目标、服务理念等。

1.2.7 金融文化研究的意义

当商业银行改革进行得如火如荼，外资银行大规模进入的热潮席卷我国各地的时候，金融业的火热发展并没有掩盖住我国金融文化研究的沉寂状况，这不免给每一个金融领域的研究者带来一丝遗憾。虽然在文化领域和金融领域，无论在文化创新和金融创新方面的研究都取得了新进展，但是对于金融和文化的结合，这一交叉领域却没有得到应有的重视和关注，也没有较为系统的成果。因此对金融文化领域的研究无疑具有较强的开拓意义。

首先，金融文化的研究有助于更加深刻认识金融业发展的根基和特质。如果说金融交易活动是金融的外在表现，那么金融文化就是金融的内涵所在。通过对金融文化的研究，能更加清晰的认识金融交易这一外在活动中所体现的一般规律，能够更加清晰地把握金融业未来发展的脉搏和趋势。

其次，金融文化的研究有助于对金融与文化两者共生关系的理解，开拓金融、文化两个学科交叉的研究领域。金融文化，可以说既是金融问题，又是一个文化问题。我国现代金融业起步较晚，经过几十年的发展，逐渐形成了或接近形成了较为健全的金融生态系统，为金融的发展提供了一个广阔的发展平台。但是如何发挥文化对金融的推动作用，实现两者的共生发展，无论对理论界和实践界来说都是较为薄弱的，故而具有较强的实践价值和理论价值。

最后，对金融文化的研究有助于借鉴历史经验和他国经验，实现金融的可持续发展。

1.3 吉林省金融文化发展现状

1.3.1 吉林省金融业发展现状

目前吉林省金融行业现有各类金融机构 4741 个，上市公司 34 家（含境外），其中境内上市公司 33 家。各类保险公司分支机构 1807 家。

重组成立了吉林银行。组建成立了吉林省投资（集团）公司。组建了东北地区中小企业信用再担保有限公司。设立全国首家畜牧业贷款中心。上海浦发银行、韩国韩亚银行、招商银行、民生银行、中信银行、兴业银行等纷纷落地吉林。

2012 年年末，吉林省内金融机构本外币存款余额 12812. 13 亿元，比年初净增加 1850. 90 亿元；其中居民储蓄存款余额 6927. 38 亿元，比年初净增加 1043. 05 亿元。金融机构本外币贷款余额 9270. 49 亿元，比年初净增加 1029. 58 亿元；其中，中长期贷款余额 5649. 44 亿元，比年初净增加 578. 59 亿元。

1. 3. 2　吉林省金融文化发展现状

对于吉林省金融文化发展现状介绍，按照文化层次论的体系，从金融物质文化和金融精神文化两个层面进行介绍。

1. 3. 2. 1　吉林省金融物质文化发展现状

首先，从吉林省金融物质文化发展水平总体上来看，从 2005—2007 年金融物质文化的发展水平在不断地提升，可以说金融物质文化发展的环境在不断的改善，而在 2008 年，金融物质文化发展水平呈现倒退的趋势，主要原因在于全球金融危机对吉林省经济和金融产生的负面影响，进入 2009 年年末，金融物质文化发展水平处于上升趋势，意味着金融物质文化的发展自金融危机过后，在不断的恢复发展。但是从总体而言，吉林省的金融物质文化总体上处于上升的趋势和完善发展中。

其次，在金融物质文化的管理主体——政府治理方面，在 2005—2007 年阶段，政府治理在金融文化中的作用日益突出，对省内金融系统的管理能力在不断加强。但是在 2008 年以后，由于分税制改革的颁布，政府对于金融文化的发展出现了阶段性的逆市场化特点，同时也体现了吉林省政府作为省内金融文化的管理主体，其财权和事权不对等的特点。

再次，从吉林省经济发展的总体趋势上看，由于2008年的金融危机的出现和分税制改革的进行，吉林省经济发展过程中逆市场化的特征较为明显。在经历了短暂的衰落后，从2009年开始，吉林省的经济发展的水平和能力不断加强，经济发展的大环境对金融业特别是金融的发展起到了越来越有利的促进作用。

最后，在吉林省金融行业准则建设方面，地方政府的金融准则能力不断增强，但是2008年金融危机的冲击让吉林省金融业的建设准则出现了倒退，直到目前，仍未从危机的阴影中真正解脱出来，恢复仍需要一段时间。

1.3.2.2 吉林省金融精神文化发展现状

在吉林省金融精神文化方面，可以看到作为精神文化的重要载体的金融制度建设和信用文化建设，都取得了较为丰富的发展成果，特别是法治环境方面可以说得到了较大的改善，整体呈上升趋势，最终可以看出，金融精神文化在制度和信用文化方面不断地提升和完善。

无论在金融物质文化和金融精神文化发展方面，吉林省在经历了2008年金融危机的冲击，金融文化的发展出现了下降的趋势外，一直都处于较为明显的上升态势之中。但是从横向来看，与其他省份金融文化发展水平相比，吉林省金融文化仍有较大的发展差距。

1.3.3 吉林省金融文化发展落后的原因

造成吉林省金融文化发展落后的原因是多方面的。主要有以下几点。

首先，是缺乏金融文化的历史积淀。金融文化是一个发展的概念，是历史积淀和现实创造有机融合的结果。就中国的各个省级行政区而言，吉林省金融文化的历史积淀是很贫乏的。古代的中原地带有着很丰富的商业文化和金融文化底蕴，而那时东北地区还是游牧经济形态。在古代、近代中国商品经济发展过程中，南方的徽商、西北的晋商、东南沿海的上海钱庄，都创造出了独特的金融文化，但这些文化并没有辐射到吉林。就连号称“汇通天下”的西帮票号，其分号也只开到沈阳。游牧文明和农耕文明对金融文化的排斥在东北地区表现得极其充分。就吉林省而言，系统的金融文化的形成比其他地区要晚很多年。进入20世纪以后，伴随着清末新式银行的建立，吉林省的金融文化稍有发展，随后则被伪满洲国的殖民地金融文化所中断。抗战胜利以后的东北地区，金融业也没有获得较好的发展机会。新中国成立以后，东北地区则成为高度集中的老工业基地，商品经济无法充分发展，因而金融文化的土壤一直是贫瘠的。

其次，吉林省的经济金融发展落后。金融文化兴盛的基础是金融业的充分发展和延续，而金融业的发展则主要依赖于经济发展水平的提高。以经济发展为基础，分化出专门的金融业，金融业反过来促进经济发展，这种相互促进的过程完全符合历史和逻辑的统一。从这一逻辑出发，金融文化的繁荣兴盛首先要求经济的高度发达（是指在同一历史阶段不同地区的对比结果）。吉林省的经济发展水平在全国一直处于比较落后的位置，严重制约了金融文化的发展。改革开放30年来，吉林省的经济总量、人均GDP（国内生产总值）在全国排名靠后，低于全国的平均水平，导致吉林省拥有的金融资源总量以及金融业的增长速度远远落后于发达地区。主要体现在两个方面，一是金融的功能没有得到充分的认识和应有的重视，没有确立其支柱产业的地位。吉林省金融业增加值占第三产业增加值和GDP的比重一直处于较低水平，并且呈现出下降态势。二是在长吉图开发开放先导区的建设中，长春、吉林作为区域金融中心的地位不够突出，金融商务区域规划建设滞后，金融中心城市的辐射、带动、聚集力不够。正是由于上述因素，近年来，吉林省金融业的增长速度和效率均低于全国平均水平，其竞争力和发展后劲明显不足。在这样的经济条件和金融发展水平之下，吉林省金融文化的落后有其必然性。

最后，吉林省的经济体制改革滞后。从历史发展的角度考察吉林省金融文化落后的原因，已经说明了新中国成立以前吉林省金融文化的基本情况。在新中国成立后30年的计划经济体制下，吉林省以及整个东北地区作为中国的老工业基地，其经济的国有化以及高度的计划性都超过了国内其他地区。高度的计划经济，导致吉林省的商业和金融业彻底失去了因地制宜、快速发展的客观条件。改革开放以后，沿海诸省得风气之先，率先打破旧体制，大力发展商品经济。这些地区既享受了政策的优惠，又拥有发展商品经济的丰厚土壤，其金融业也得到了长足的发展。东北地区受计划体制影响较深，经济体制改革相对滞后。加之内陆地区因循守旧、经济基础薄弱等因素，导致吉林省金融业和金融文化与发达地区相比差距越来越大。

1.3.4 吉林省金融文化发展落后的表现

金融文化是历史积淀与现实创造相融合的结果。吉林省金融文化的落后既表现为历史积淀的贫乏，也表现为现实创造的贫乏。历史原因导致优秀的传统文化在吉林省金融文化建设过程中没有得到很好的继承和发扬，反而在一定程度上被扭曲。吉林省金融文化的创造力不强，没有创造独特金融文化的内在动力和外部条件，这在很大程度上是经济落后、观念陈旧导致的。

首先，金融企业的经营理念不科学。金融企业的经营理念是金融文化的核心。金融业与其他行业相比具有风险大、收益高的特点，在金融业的经营理念中，有必要吸收古代金融机构经营理念中的精华，结合现代金融的特点创造出新的内容。应该坚持营利性、安全性和流动性的有机统一，科学地处理好规模和效益的关系、内涵发展和外延发展的关系。目前吉林省金融业发展过程中存在着盲目扩大规模、盲目争夺市场、轻视文化建设、轻视服务质量等问题，其根源在于金融文化中科学的经营理念没有深入人心，没有表现为制度，没有落实到行动。自古以来金融业都极为重视稳健经营，这应该是传统金融文化中的重要内容。近年来欧美发生的金融危机已经从反面教育我们稳健经营的重要性，但是吉林省的金融业似乎并没有从中反思并规范自身的经营行为。

其次，信用观念淡薄。诚信是金融文化的基础。现代市场经济从某种意义上来讲就是信用经济。纵观世界各国的经济发展，我们很容易发现，经济的发达程度和信用的发达程度是密切相关的。信用越发达，经济就越发达。作为现代经济的核心，金融业是高风险高负债率的行业。金融业的这种特殊性尤其要求业务经营中坚持诚信原则。吉林省金融业的发展缺乏诚信观念，突出表现在金融活动主体为了经济效益而轻视信誉、为抢占市场份额而不择手段。不论是金融机构还是其他金融主体，都没有从应有的高度去认识诚信的重要性，尤其是受信人方面表现得更为突出。个人征信体系不完善、信用记录不良、金融机构的不良资产比例偏高等都可以充分证明这一点。

再次，轻视社会责任和社会规范。社会责任是金融文化的最高境界。在讨论金融文化内涵时，权威人士总会强调一个“义”字。这里的“义”指的是金融业应该承担的社会责任，具体包括金融企业对国家民族以及社会公众所承担的责任。这种社会责任应该是中国金融业价值体现的最高标准。反观金融文化落后的吉林省，社会责任并没有很好地融入金融业的企业文化当中，并以此引导金融业的发展战略和结构治理。另外，遵纪守法、遵守行业道德规范和社会规范也是金融文化中的重要内容。金融文化越发达，其金融活动就越规范。吉林省金融文化的落后，一个很重要的外在表现就是不能够坚持遵守行业道德规范，从业人员的职业操守以及金融业务的规范性都存在一定的问题，金融活动中违纪违规现象时有发生。

最后，缺乏创新精神创新是金融文化发展的动力源泉。从古代金融到现代金融，每一个重要的阶段都是经过创新推动的。金融业不仅是高风险行业，也是具有复杂技术性的产业。就现代金融而言，为了规避风险、提高收益，创新从来没有停止过。在当前竞争激烈的背景下，创新才能生存，创新才能发展。吉林省的金融文化中，最缺乏的就是创新精神。这一点不仅和国际金融业存在巨大差距，就是和国内发达地区相比，也是十分落后的。具体表现为吉林省的金融业从经营理念到经营方法以及管理手段和金融产品都缺乏新的思维与新的举措。

2　金融文化发展战略

——金融发展的新课题

在当代中国，文化已经超越了传统的作为政治附属物的概念，而逐步扩展到小到企业这一微观经济主体，大到国家及地区这一宏观社会机构的方方面面，成为培育核心竞争力、维持竞争优势和提升软实力的核心价值要素之一。文化不仅显示了一个相对稳定群体在道德上、行为上等方面的共识，同时也是该群体综合实力的重要体现。

在研究吉林省金融文化发展战略的过程中，我们首先要搞清一些基本的理论问题，这些问题涉及文化发展的一些基本规律，尤其是在当前市场经济发展条件下，国家对于吉林省，尤其是长吉图地区发展支持力度的不断加大，对于吉林省内金融行业的发展也提出了更新和更高的要求。而金融文化的研究成为当前研究吉林省内金融行业发展的一个非常关键的问题，应该受到理论界和实务界的充分重视，如何设计和推动符合我国社会主义精神文明建设的特点和建设的发展要求，适应社会主义市场经济发展要求的新文化战略发展观本质需要的吉林省金融文化战略，应是我们研究吉林省金融文化战略问题中的核心出发点。为此，我们应该不断深化对文化的地位和作用的认识，不断深化文化发展方向、文化发展动力、文化发展思路、文化发展格局和文化发展目的的认识。同时，对于吉林省金融文化发展战略的研究还要以战略研究的基本理论为指导，如战略研究中的基本假定，战略思想的取向，发展战略学的基本要素等。对这些基本理论问题的掌握不仅可拓宽我们研究的视野，而且可以保证科学地确定既符合我国国情和我省省情，又兼顾时代发展特点的吉林省金融文化发展战略。

另外值得注意的是，对于吉林省金融文化发展战略的研究，也是繁荣和发展吉林省金融事业的需要，是提升吉林省这一经济政治相对不发达省份金融实力的重要途径。而在当前全球化发展的背景下，吉林省金融行业在不断的发展中，无疑会面临更多的文化挑战，这些挑战不仅仅反映在区域经济发展中的资源竞争，同时也反映在如何适应客户日益变化的金融发展需求等方面上，这些毫无疑问都会成为吉林金融文化战略问题研究中必须研究和思索的问题，成为金融发展的新课题。

2.1 文化发展战略理论概述

文化发展战略根据分析的角度不同，可以分为不同的类型。例如，从时间长度角度上，可以分为近期文化发展战略、中期文化发展战略和远期文化发展战略；而从战略主体角度上，可以分为全球文化发展战略、国家文化发展战略和区域文化发展战略等；从行动方向上，可以分为对内文化发展战略和对外文化发展战略。

故而，文化发展战略可以说是一个比较复杂的结构系统，要研究和准确把握这一结构系统，首先要对文化发展战略的概念、内涵以及确定文化发展战略的重大意义进行较为清楚的认识。

2.1.1 文化发展战略的概念

在我国文化发展战略概念出现在改革开放以后。1985 年 3 月，上海率先开展关于文化发展战略的研讨活动，以后逐渐波及其他地区。当时文化发展战略研讨所要解决的主要问题是确立文化发展在社会发展中的应有地位，以及调整与当前经济社会发展所不相适应的文化和社会发展政策。1986 年 7 月，上海制定了《关于上海文化发展战略的汇报提纲》，标志着“发展战略”这一概念被引入文化领域，文化发展战略问题开始引起全国文化界、学术界与政界的普遍关注。但是，对文化发展战略下定义的尝试则是 21 世纪初的事。

有学者认为，文化发展战略是指“在一定时期内为实现国家和社会的总体目标而做出的有关文化发展的目标、重点、发展阶段、投资方向、力量部署、对策措施的谋划与抉择，简而言之，是文化发展的整体规划。”有学者认为，文化发展战略是指“战略主体关于文化自身发展的一种长远设想、整体规划和政策安排”。另外一些学者认为，文化发展战略是指“一个国家、政党发展文化的基本指导思想、目标、手段和策略，即利用和发展文化的战略。”还有一部分学者认为，文化发展是指建立在“以人为本”基础上的，以文化综合与创新为基本内容，以协调、可持续发展为特征，以人类文明进步为最终目标的新革命性的发展战略。

综合以上文化发展战略的定义，我们可以看出，文化发展战略是一个国家或区域内关于文化发展的长远的整体规划，是有关文化发展的目标、对策措施以及实施方式。具体来说，文化发展战略是指战略主体通过对国内、国外文化发展的战略环境进行全面分析，并在此基础上，以文化发展的战略指导思想和战略方针为指引，科学确立文化发展的战略目标和任务，制定有效的战略措施和实施方式。文化发展战略是战略理念在文化建设中的应用，战略的一般特征也就规定了文化发展战略的特征。具体而言，文化发展战略是针对整个文化领域的，具有全局性；对文化建设的实践具有指导性；文化发展战略的规划部署具有长远性；文化发展战略是文化建设实践的反映，具有科学性。

2.1.2 文化发展战略的重大意义

文化问题一直是区域与国家建设中的关键问题，是传承该地区民族生命力的载体和精神支柱，而在当前中国这一社会发展的大变革时期，强调文化发展问题具有其独特的和切实的特殊意义。

首先，制定文化发展战略是实现民族文化复兴和建设社会主义文化强国的必然选择。中华民族的伟大复兴离不开中华文化的繁荣复兴，中华文化博大精深，具有悠久历史，是人类文明的一个独特组成部分，是中国文化发展的优秀文化资源。作为一种历史积淀，中华民族的优秀传统文化深刻地影响着今天中国人的价值观、生活方式和中国的发展道路，我们必须结合时代和社会的发展要求，在继承和创新的基础上弘扬优秀民族文化。在改革开放30年来的不懈努力下，我国经济取得了举世瞩目的成就，对世界经济发展的影响也越来越大。然而，文化影响力与经济实力相比还相对滞后，所以必须尽快建构中华文化发展的全球视野，制定文化发展战略，提高国家文化软实力，将我国传统文化中的优秀成分，转化成具有全球意义的文化价值资源，在不断更新和发展的基础上保持自身的传统特色。党的十七届六中全会提出了建设社会主义文化强国的长远战略，标志着我们党对文化建设的认识达到了新的高度，国家在文化理论创新与实践方面正逐渐走向成熟。“建设社会主义文化强国是中华民族复兴的重要组成部分，是中华民族全面复兴的标志。一个国家、一个民族若只有经济的发展而没有文化的发展，是不全面的。只有精神文化和经济、政治、社会等方面同步发展，才能真正实现繁荣昌盛。马克思主义认为，任何一个社会都是由政治、经济、文化形成的一个系统。既要有经济发展，又要有政治发展，也要有文化发展，这三者是不可分离的。”中国有着丰富的文化资源，我们不能只满足于GDP的世界排名，同时还要拥有一个与大国政治、经济地位相称的、影响世界文化发展的中华文化国际影响力和感召力。

其次，制定文化发展战略是中国走和平发展道路的精神支撑。党的十七大指出，中国将始终不渝走和平发展道路。这是中国政府和人民根据时代发展潮流和自身根本利益做出的战略抉择。当前，我国正处在发展的重要战略机遇期。从国内的情况看，发展的数量与质量还任重道远，发展不平衡、资源消耗和社会公平等问题还相当突出。从国际情况看，大国间直接对抗不仅自损元气还会造成两败俱伤，这是大家都不愿看到的结果。因此，“韬光养晦，和平发展，是从国家发展战略高度温习中国传统王道与霸道、思考自身修养与天下情怀、倡导和谐中国和谐世界后选取的一种理性政治智慧，一种化潜在敌意、延展自我空间的姿态与方法。”中国的和平崛起之路是在遵循现行的国际秩序前提下，实现国家综合国力的增长和发展。孔子云：“远人不服，则修文德以来之。”李白也有诗曰：“干戈不动远服人，一纸贤于百万师。”中国人民历来崇尚“和而不同”“以和为贵”的理念，以和谐精神凝聚家庭、敦睦邻里、善待他人。因此，只有制定文化发展战略走文化强国之路，充分发挥文化的柔性力量克服和消除种种不利的刚性因素，和平发展才能得以实现。

最后，制定文化发展战略是提高国家文化软实力，积极参与国际文化竞争和维护国家文化安全的时代要求。“提高国家文化软实力”是我们党在当今中国和世界都发生了广泛而又深刻变化的背景下，针对全球和平与发展的新形势新特点所提出的一个崭新理念。“提高国家文化软实力”是十七大“‘推动社会主义文化大发展大繁荣’战略部署的重要方面，也是十七大重申‘维护世界和平、促进共同发展的外交政策宗旨’的具体体现。‘提高国家文化软实力’的要求，是全面建设小康社会新要求的重要内容，是实现各族人民过上更好生活新期待的重要举措，也是针对我国同外部世界之间新关系的重要部署。”在当今这个大发展的时代，我们要在新的历史起点上发展中国特色社会主义，就必须高度重视文化软实力建设，全面提高我国的综合国力。

“当今世界激烈的综合国力竞争，不仅包括经济实力、科技实力、国防实力等方面的竞争，也包括了文化方面的竞争。”作为综合国力重要组成部分的文化软实力，对综合国力各要素的提高和发挥具有十分重要的作用。当前，我国的文化软实力发展还比较薄弱，与中华五千年辉煌灿烂文化相比，与中国在世界舞台上日益重要的地位和作用相比，中华文化的国际影响力还很小，文化产品的贸易逆差还相当严重。因此，全面展示中华文化的魅力，提高我国文化在国际市场的占有比例，扩大我国外向文化企业的竞争力，都是当前摆在我们面前的一项紧迫任务。面对西方的文化输出和价值观念的渗透，我国国家文化安全形势面临巨大挑战：综合文化国力西强我弱态势长期存在；文化产业发展将遭遇整体性全球战略挑战；国家文化安全问题日趋复杂多样。面对这一系列挑战，必须尽快构建国家文化发展战略，维护国家文化安全。

2.2 我国及各地区文化发展战略

2.2.1 我国国家文化发展战略

2.2.1.1 我国各时期的国家文化发展战略

我国的国家文化发展战略自1949年新中国成立开始至今，走过了毛泽东思想下的文化发展战略、改革开放后中国文化发展战略、社会主义市场经济确立后文化发展战略和新的文化发展观下的文化发展战略四个历史阶段。

第一阶段：毛泽东思想下的文化发展战略。早在1940年，毛泽东发表《新民主主义论》，对文化的地位作了明确的表述。在这篇著作中，毛泽东阐述了文化与政治、经济的关系。他指出："一定的文化（当作观念形态的文化）是一定社会的政治和经济的反映，又给予伟大影响和作用于一定社会的政治和经济；而经济是基础，政治则是经济的集中表现。这是我们对于文化和政治、经济的关系及政治和经济的关系的基本观点"。在这篇论著中，毛泽东第一次把观念的文化与经济政治并列，把他们视为社会发展过程中相互作用的三个有机组成部分，从而确立了文化应有的战略地位。而在1942年，毛泽东在《在延安文艺座谈会上的讲话》中指出"我们的文学艺术都是为人民大众的，首先是为工农兵的，为工农兵而创作，为工农兵所利用的"。我们的文艺工作者要完成这个任务，"一定要把立足点移过来，一定要在深入工农兵群众，深入实际斗争的过程中，在学习马克思主义和学习实践的过程中，逐渐地移过来，移到工农兵这方面来，移到无产阶级这方面来。只有这样，我们才能有真正为工农兵的文艺，真正无产阶级的文艺"。而在1949年2月，毛泽东在致中华全国文学艺术工作者第一次代表大会的贺电中进一步提出，需广泛地发展为人民服务的文艺工作，以配合人民的其他文化工作和人民的教育工作，配合人民的经济建设工作。因为在革命胜利以后，我们的主要任务就是发展生产和发展文化教育。这实际上确立了新中国成立以后文化为人民服务，为经济建设服务的方向。而为人民服务，为社会主义事业服务和为人民服务，为社会主义国家服务成为新中国成立初期文化建设和发展的根本目的。1956年4月，毛泽东在中央政治局扩大会议上做《论十大关系》的讲话，明确提出了"百花齐放、百家争鸣"的方针，他指出："艺术问题上百花齐放，学术问题上百家争鸣，应该成为我们的方针"。同时认为，"艺术上不同的形式和风格可以自由发展，科学上不同的学派可以自由争论。利用行政的力量，强制推行一种风格，一种学派，禁止另一种风格，另一种学派，我们认为会有害于艺术和科学的发展。艺术和科学中的是非问题，应当通过艺术界科学界的自由讨论去解决，通过艺术和科学的实践去解决，而不应当采取简单的方法去解决。”“百花齐放、百家争鸣”的方针，是促进艺术发展和科学进步的方针，是促进我国社会主义文化繁荣的方针。从此，“双百”方针就作为我国科学文化的基本方针确定了下来。

总的来说，毛泽东在新民主主义文化和社会主义文化建设方面，提出了许多具有创造性的思想和系统性的理论，奠定了中国文化建设和发展的理论基础。他的政治经济文化三位一体思想和建设民族的科学的大众的文化的思想，以及文化建设的一系列方针原则，为我党全面认识与把握新社会主义文化发展战略提供了重要的理论遗产，对新时期中国特色社会主义文化发展战略的构建，仍然具有重要的指导作用。

第二阶段：改革开放后中国文化发展战略。改革开放以来，以邓小平为核心的党的第二代领导集体，在总结以往文化建设经验和教训的基础上，对文化“为人民大众服务，为政治服务”的方向进行了调整，创造性地提出了“建设社会主义精神文明”的命题和文化建设要“面向现代化、面向世界、面向未来”战略方针，丰富了毛泽东文化发展战略思想。从此，“为人民服务，为社会主义服务”作为新时期文艺工作的基本方针确定了下来。实践证明，文化为社会主义服务的提法与文化为政治服务的提法比较起来，更加准确。政治本身不是最终目的，我们的一切政治归根结底都是大多数人谋利益的手段。为政治服务，在某种范围内也是需要的，但是决不能用它来概括文化的全部作用，而且这种政治必须确实代表人民的利益。方向的调整，表明中国共产党对文艺与政治关系的认识不断深化，是中国在文艺与政治关系问题上合乎逻辑的政策发展，它不仅纠正了长期存在的文艺与政治不正常的政策关系，而且为新时期正确处理文艺与政治的关系指明了方向。

第三阶段：社会主义市场经济确立后文化发展战略。党的十四大把建立社会主义市场经济体制作为经济体制改革的目标，我国改革开放进入新的阶段。以江泽民为代表的党的第三代领导集体着眼于文化建设新的形势，提出了“建设中国特色社会主义文化”的概念和文化是综合国力的重要标志的新论断，提出了包括我们党要代表中国先进文化的前进方向在内的“三个代表”重要思想。这些思想是社会主义市场经济确立后对我国文化发展战略思想的进一步发展。

党的十五大报告中提出：“有中国特色社会主义的文化，是凝聚和激励全国各族人民的重要力量，是综合国力的重要标志”。这一提法，从凝聚力、激励力和综合国力方面，揭示了文化建设在现代化建设中的地位和作用。21 世纪，文化与经济、政治和社会相互融合，文化与经济，科技一体化的趋势日益明显。对经济社会的发展来说，文化的内在驱动力比经济力、政治力具有更强的牵引作用，文化在经济社会发展中的地位和作用越来越重要，文化要素作为一种软力量在日益激烈的国际竞争中成为一个制胜的关键因素。因此，在世纪之初，党中央审时度势，在十六大报告中指出：“当今世界，文化与经济和政治相互交融，在综合国力竞争中的地位和作用越来越突出”，“全党同志要深刻认识文化建设的战略意义，推动社会主义文化的发展繁荣”。

2000 年 2 月，江泽民在广东考察工作时郑重提出了“三个代表”重要思想，指出：“我们党所以赢得人民的拥护，是因为我们党在革命、建设、改革的各个历史时期，总是代表着中国先进生产力的发展要求，代表着中国先进文化的前进方向，代表着中国最广大人民的根本利益，并通过制定正确的路线方针政策，为实现国家和人民利益而不懈奋斗”。在庆祝中国共产党成立 80 周年大会上的讲话中，江泽民明确指出：“坚持什么样的文化方向，推动建设什么样的文化，是一个政党在思想上和精神上的一面旗帜”。对一个政党来说，旗帜是一个政党纲领、指导思想和精神灵魂的外在表现，标志着政党的方向和形象，对本阶级成员具有极大的号召力、凝聚力、战斗力。在这次大会的讲话中，江泽民指出：“我们党要始终代表中国先进文化的前进方向，就是党的理论、路线、纲领、方针、政策的各项工作，必须努力体现发展面向现代化、面向世界、面向未来，民族的科学的大众的社会主义文化的要求，促进全民族思想道德素质和科学文化素质的不断提高，为我国经济发展和社会进步提供精神动力和智力支持”。把“代表中国先进文化的前进方向”作为“三个代表”重要内容之一，突出了社会主义先进文化的伟大历史作用，体现了文化建设对党的建设的重要意义，是中国特色社会主义文化建设的一个重要的理论创新成果。

第四阶段：新的文化发展观下的文化发展战略。十六大以来，以胡锦涛同志为总书记的党中央高度重视社会主义先进文化建设，在实践上进行了新的探索，加深了对文化工作规律性的认识，进一步丰富了文化发展战略思想的内容。中共中央政治局进行第七次集体学习时，胡锦涛指出，“大力发展社会主义文化，建设社会主义精神文明，是贯彻落实‘三个代表’重要思想的必然要求，是全面建设小康社会的必然要求，也是促进经济社会协调发展和人的全面发展的必要要求。我们必须从全面建设小康社会的全局和实现中华民族伟大复兴的高度，深刻认识加强文化建设的战略意义，在推进社会主义物质文明和政治文明建设的同时，更加自觉地推进社会主义文化建设”。党中央在科学判断国际国内形势，全面把握当今世界文化发展趋势，深刻分析我国基本国情和战略任务的基础上，对中国特色社会主义文化实践有了新的认识，提出了新的文化发展观，解放和发展文化生产力，提高建设社会主义先进文化的能力以及建设社会主义和谐文化等新思想、新观点和新论断，为构建新时期国家文化发展战略指明了方向。

2.2.1.2 新的文化发展观下的国家文化战略的思想探索

我国国家文化发展战略在思想探索上主要是“以马克思列宁主义、毛泽东思想、邓小平理论和‘三个代表’重要思想为指导，以科学发展观为统领，牢牢把握社会主义先进文化的前进方向，紧紧围绕实现全面建设小康社会宏伟目标和构建社会主义和谐社会的要求，弘扬以爱国主义为核心的民族精神和以改革创新为核心的时代精神，树立新的文化发展观，解放思想、实事求是、与时俱进、开拓创新，发展面向现代化、面向世界、面向未来的民族的科学的大众的社会主义文化，不断满足人民群众日益增长的精神文化需求，努力培育有理想、有道德、有文化、有纪律的社会主义公民，提高全民族的思想道德和科学文化素质，促进人的全面发展和社会全面进步”，作为在文化发展战略中的指导性思想。在这个指导性思想中，最核心的是树立和坚持“新的文化发展观”。

有什么样的文化发展观，就会有什么样的发展道路，发展模式和发展战略，就会有什么样的发展实践。新的文化发展观是与科学发展观相适应的发展观，是与和谐社会建设要求相统一的发展观，是关于文化地位和作用，文化发展方向，文化发展动力，文化发展思路，文化发展格局和文化发展目的的总看法和根本观点，它体现了全面协调和可持续发展的要求，体现了和谐发展的要求。可以说，新的文化发展观就是构建新时期国家文化发展战略的指导思想。深刻领会新的文化发展观的精神实质，要从以下几个方面加以把握。

第一，从文化地位和作用来看，文化建设是社会主义现代化建设“四位一体”格局的重要组成部分，具有基础性、全局性和战略性意义。文化是人类社会生活的重要内容，是一个民族和国家赖以生存和发展的重要智力资源和精神动力。文化作为国家和民族的灵魂，集中体现了国家和民族的品格，文化发展是社会发展的重要内容，也是社会进步的显著标志。当今世界，文化的力量在综合国力竞争中的地位和作用日益突出，越来越成为衡量一个国家综合实力强弱的重要尺度。文化的传播力、竞争力和影响力已成为各国提升国际地位和改善国际形象的重要指标。文化对经济、政治和社会的推动作用越来越明显。在经济建设上，文化产业已成为战略性支柱产业，在国民经济中占有越来越重要的地位。在政治文明建设上，提高党的执政能力，完善党的执政方式，必须把提高党建设社会主义先进文化的能力作为重要内容。在社会建设上，建设高效的政务环境，民主公正的法制环境，公平诚信的市场环境，安定有序的社会环境，舒适便捷的生活环境，健康向上的人文环境，可持续发展的生态环境等，都与文化建设密切相关。贯彻科学发展观，构建社会主义和谐社会，建设创新型国家都要求我们深刻认识文化建设的战略意义，努力促进社会主义先进文化的繁荣与发展，实现文化建设与经济、政治、社会建设协调发展。

第二，从文化发展方向看，要坚持党对文化工作的领导，坚持马克思主义在意识形态领域的指导地位，坚持社会主义先进文化的前进方向。坚持马克思主义、毛泽东思想、邓小平理论和“三个代表”重要思想为指导，落实科学发展观，是先进文化前进方向的根本保证，是建设社会主义核心价值体系的首要内容。党的十六大报告指出：“在当代中国，发展先进文化，就是发展面向现代化、面向世界、面向未来的，民族的科学的大众的社会主义文化”。在全球化的背景下，面对世界经济、政治、文化相互交融，各种思想文化相互激荡的国际环境，面对意识形态领域长期复杂有时甚至是尖锐的斗争，面对人们社会生活环境的深刻变化和日趋激烈的国际文化竞争，为了树立民族自信，振奋民族精神，团结人民凝聚人心，维护国家文化安全和增强党在意识形态领域的感召力和控制力，我们必须坚持社会主义先进文化的前进方向，坚持马克思主义对文化建设的指导，坚持文化为人民服务，为社会主义服务的宗旨，弘扬主旋律，提倡多样化。我们必须始终坚持党对文化工作的领导，大力发展先进文化，支持健康有益文化，努力改造落后文化，坚决抵制腐朽文化，正确处理文化产品的意识形态属性和商品属性的关系；正确处理社会效益和经济效益的关系，坚持把社会效益放在首位。只有牢牢把握社会主义先进文化的前进方向，文化建设与经济建设、政治建设、社会建设协调发展，才会有真正意义的文化繁荣。

第三，从文化发展动力看，要始终以改革为动力，通过体制和机制创新，建立遵循社会主义精神文明建设的特点和规律，适应社会主义市场经济体制要求的体制机制，解放和发展文化生产力。坚持解放思想，实事求是，与时俱进的思想路线，坚定不移地走改革开放之路，是我们党领导建设中国特色社会主义事业不断取得成功的保证和根本经验，也是发展社会主义先进文化的必然选择。经过近 30 年的改革，我国社会主义市场经济体制初步确立，我国文化发展的环境和条件发生了深刻的变化。一方面，精神文化产品的创作、生产、流通和消费空间不断拓展，文化产业发展方兴未艾，为文化发展提供了难得的机遇；另一方面，原有文化体制和机制与不断发展的经济基础和体制环境的矛盾也凸显出来。文化发展的许多方面仍停留在传统体制的模式上，缺乏活力和竞争力。只有适应社会主义市场经济发展的要求，反映社会主义精神文明建设的特点和规律，不断推进文化体制的改革和创新，才能解放和发展文化生产力，才能使我国社会主义文化在战略机遇期走上繁荣之路。

第四，从文化发展思路来看，要坚持“两手抓、两加强”，既要抓好公益性文化事业，又要抓好经营性文化产业，推动社会主义文化全面协调发展。文化事业与文化产业是社会主义文化建设中既相互联系又相互区别的两个重要组成部分，是繁荣社会主义文化的两个轮子。公益性文化事业与经营性文化产业两业并举是党中央繁荣社会主义文化的基本思路。

文化事业是保障国家文化生活正常进行的社会服务支持系统，主要是在政府的主导下，提供文化产品和文化服务，着重解决仅靠市场机制无法实现的普遍文化服务问题，着重解决仅靠市场机制难以承载的传承文明、引导社会、教育群众的问题。公益性文化事业的根本任务是保障公民人人享有公共文化服务的权利，普及文化知识，传播先进文化，提供精神食粮，体现人文关怀，保障中华文化的传承与创新。努力构建覆盖全社会的比较完备的公共文化服务体系是促进经济、政治、文化和社会协调发展的必要条件。

文化产业是为满足受众的文化消费和审美需求所从事的经营性行业，主要是按照市场要求，按照价值规律和现代社会化大生产的要求，组织文化产品的生产经营活动和文化服务。经营性文化产业的根本任务是繁荣文化市场，应对国际文化竞争，满足人民群众多方面、多层次、多样性的精神文化需求。发展公益性文化事业，要坚持以政府为主导，鼓励社会参与，切实提高服务群众的能力和水平。发展经营性文化产业，要充分发挥市场配置资源的基础性作用，坚持以市场为导向，在改革中调动社会力量发展文化产业，在市场竞争中发展壮大。

文化事业和文化产业既相互区分又互相促进，二者统一于繁荣社会主义先进文化的伟大事业。按照一手抓公益性文化事业，一手抓经营性文化产业的基本思路来繁荣社会主义先进文化，体现了我们党立党为公，执政为民的执政理念，体现了科学发展观和社会主义和谐社会的本质要求，也体现了我们党对于社会主义市场经济条件下文化发展特点和规律的高度自觉。

第五，从文化发展格局来看，要努力形成有利于社会主义文化繁荣的文化产业格局和文化市场格局。建立有利于社会主义文化繁荣的文化产业格局和文化市场格局，必须充分发挥国有资本在文化领域的主导作用，调动全社会力量积极参与文化建设。要重塑文化市场主体，加快推进国有经营性文化单位的转企改制工作，增强微观主体的活力。通过建立现代企业制度，完善法人治理结构，盘活国有文化资源，打造一批有竞争力和影响力的国有或国有控股的文化企业和企业集团，使之成为文化市场上的主导力量和文化产业的战略投资者。坚持以公有制为主体，鼓励和支持非公有资本以多种形式进入政策许可的文化产业领域，加强和改进对非公有制文化企业的服务和监管。

第六，从文化发展目的来看，要坚持以人为本，创造更多更好的精神文化产品，满足人民群众日益增长的精神文化需求，促进人的全面发展，为社会主义现代化建设提供精神动力和智力支持。以人为本是科学发展观的本质要求，文化发展的最终目的在于不断满足人民群众日益增长的精神文化需要，提高全民族的科学文化素质，培育有理想、有道德、有文化、有纪律的社会主义公民，促进人的全面发展，为社会主义现代化建设提供精神动力，智力支持，道德基础和文化条件。文化不仅有意识形态属性，即引导社会，教育人民的功能，还有商品和产业的属性，即在社会主义市场经济条件下仍有经济功能。我们既要重视文化的意识形态属性，大力发展先进文化，还要正确认识文化的产业属性，加快发展文化产业和文化经济。无论是发展公益性文化事业，还是发展经营性文化产业，都要坚持以人为本，把着力点放在丰富人们的精神世界，增强人民的精神力量，满足人民群众的精神文化需求和促进人的全面发展上，最大限度地发挥文化引导社会，教育人民，满足精神文化需求，推动经济和社会发展的功能。

2.2.2 中国其他省份文化发展战略

在当代中国，文化已超越了传统的作为政治附属物的观念，而被普遍认同为培育核心竞争力、竞争优势和提升软实力的核心价值要素之一。因此，不但党中央对社会主义文化建设作出了一系列新的重要论述，将文化建设作为建设全面小康社会的重要内容，制定了国家的文化发展纲要（战略），同时，各区域在党中央一系列新论述的指导下，也纷纷制定了本区域的文化发展战略，提出了建设“文化大省”“文化强省”等发展战略，推进了本区域的文化建设和文化发展。

同时我们也注意到，在各区域的文化发展战略中，虽然有关建设社会主义文化的核心论述大致相同，但近年来，随着我国各区域经济社会发展水平的差异、发展模式的多元，以及区域历史文化的多样性的复兴，各区域的文化发展战略也开始分化，呈现出一种选择特色文化发展战略的趋势。在建设全面小康社会的进程中，这种趋势有利于我国各区域从特定的文化视野中选择符合本区域实际情况的发展路径，也有利于文化更好地引导一个区域的经济社会又好又快地发展。因此，对我国其他省份的文化战略进行比较研究，在解析其文化发展战略与区域经济社会发展的对应互动关系中，评价其优缺长短，对吉林省文化战略和金融文化战略的研究具有非常重要的意义。

在改革开放前，我国各省份虽然有着不同的区位与区域文化特点，但在工业化初期，加之计划经济体制，各省份的文化建设基本上是一种同质化、规制化建设的模式。改革开放后，随着社会主义市场经济体制的建立，社会主义文化生态系统的改变，以及各区域经济社会发展水平的差异，在坚持社会主义核心价值体系建设的基础上，各省份的文化也逐步走上了从同质化向多样性的建设和发展道路，因而各省份的公共管理主体在对本区域经济、社会和文化特点的认识中，也逐步开始探索本省份的特色文化发展战略。研究表明，国内省份文化发展战略主要表现在以下三个方面。

首先是文化规制方面。在我国各区域的文化建设中，有一些统一的规制化领域，如社会主义核心价值体系建设、财政对文化的基本投入、文化基础设施的建设、公共文化服务体系建设等，这些都是社会主义文化建设的基本领域和内容。在这些领域，党中央有着统一的要求和部署，因此在发展战略和公共政策上是完全相同的，差异则主要表现在文化投入、文化基础设施建设等的数量上。比较而言，经济发达区域在文化投入上要多一些，文化基础设施建设方面要好一些。对文化的投入和文化建设水平的差异，总体上是与各区域经济社会发展水平直接相关的，也与各地公共管理主体对文化的重视程度相关。

其次是文化发展方面。进入新世纪后，区域经济社会的不同发展水平对我国区域文化发展战略思想的影响开始逐步显露，各区域推进文化建设的目标、路径、举措有了一些区别。我国各地的现代化进程大致具有东部、中部和西部的阶段性差别，并且这种差别在进入新世纪后有扩大的趋势。一项研究报告表明：20 世纪 70 年代，我国内地各地区的第二次现代化指数、知识传播指数的最大差距分别为 27 点和 30 点，而到了 2000 年后，差距分别扩大到 52 点和 53 点。近年来对于我国第一次和第二次现代化情况调查结果则揭示，北京、天津、上海属于现代化较发达地区，辽宁、浙江、江苏、黑龙江、广东、吉林、湖北、陕西、福建、山东、山西属于初等发达地区，而重庆、河北、新疆、宁夏、内蒙古、湖南、青海、四川、海南、安徽、江西、广西、河南、甘肃、贵州、云南、西藏等省市则属于尚未进入第二次现代化阶段的欠发达地区。因而，我们看到，北京、上海、广东、浙江等省市的文化发展战略已经不再是使“文化发展与经济发展水平相适应”这样的目标，而是在文化发展战略中更加突出文化创新作用，在结合创新型省市的建设中，力图以创新作为经济社会发展的核心价值导向，以创意产业作为推进经济社会发展的新的引擎，推进经济文化的一体化发展，提升文化软实力，培育创新、创造所引领的区域竞争优势。如北京确立了大力推进文化创意产业发展的战略目标，上海也在“十二五”规划中将创意产业作为上海新一轮经济增长的支柱产业，成为上海科教兴市战略的重要组成部分。浙江则在2007年提出要把文化创新作为文化发展的战略基点和前进动力，以文化创新引领经济发展。而一些经济发展相对落后省份，这个时期文化发展战略的目标、内容、举措则主要还体现在规制化的建设领域，如增加文化投入、加大文化基础设施建设、加强基层文化工作等方面。如中西部某省文化发展战略提出，到2020年“文化发展主要指标、文化事业整体水平和文化产业发展实力居于中西部地区领先地位、在全国具有重要影响”，从具体内容看，许多方面还属于补偿性的文化建设。

最后是区域文化特色方面。进入新世纪后，在中华文化复兴的进程中，我国各区域也日益重视本区域历史文化的传承发展，强调根据自己的历史文脉以及本区域经济社会发展需要，探寻符合自己文化禀赋的发展道路，因而，各地在制定文化发展战略中，也开始将挖掘本区域文化底蕴，传承区域优秀历史文化，彰显区域文化特色，合理利用区域特色文化资源，发展特色文化产业等作为区域文化发展战略的重要内容，使得我国区域文化呈现出一体（社会主义文化）多样（区域文化）的发展态势。如广东提出，要实现“岭南文化特色鲜明，并辐射全国”的目标，并且将“培育广东人精神”写入了其文化发展战略的指导思想；河北提出要“体现燕赵文化特色”；山东提出建设“齐鲁文化”等。

区域竞争是这种多样化发展态势形成的重要原因，以广东为例：20世纪80年代，广东一度成为全国流行文化的领头羊，但90年代在与北京、上海甚至湖南等省市的文化竞争中，广东的文化领先优势逐渐丧失。在这种背景下，广东将提升“岭南文化”的影响力摆在了其文化发展战略突出的位置，试图以独具特色的“岭南文化”在全国文化版图中与京沪形成三足鼎立的格局。同时，改革开放过程中形成的“广东人精神”，是广东所积累的一笔重要的精神财富，对其进行提炼、弘扬，能够激发广东区域自觉意识的觉醒，走区域特色发展道路。

2.2.3 吉林省文化发展战略

吉林省始终把文化发展战略的建设放在全局工作的重要位置上。在2011年12月6日中共吉林省委九届十二次全体会议通过的《关于贯彻落实〈中共中央关于深化文化体制改革推动社会主义文化大发展大繁荣若干重大问题的决定〉实施意见》中对新时期下的吉林省文化发展战略进行了明确的说明。

2.2.3.1 吉林省文化发展战略的总体要求、基本原则及目标

吉林省文化发展战略的总体要求是：坚持以马克思列宁主义、毛泽东思想、邓小平理论和“三个代表”重要思想为指导，深入贯彻落实科学发展观，坚持社会主义先进文化前进方向，进一步拓宽文化视野、提升文化自觉、增强文化自信，紧紧围绕“科学发展、加快振兴、富民强省”总目标，以建设社会主义核心价值体系为根本任务，以满足人民精神文化需求、改善文化民生为出发点和落脚点，以改革创新为动力，坚持文化事业和文化产业两手抓、政府扶持和体制改革两加强，推动文化事业和文化产业共同繁荣发展，为实现“科学发展，努力让城乡居民生活得更加美好”提供强大支撑。

吉林省文化战略的六大基本原则。

第一，坚持前进方向。坚持以马克思主义为指导、以社会主义先进文化为引领，在多元中确立主导、多样中谋求共识、多变中把握方

向，确保文化改革发展始终沿着正确道路前进。

第二，坚持正确导向。全面贯彻“二为”方向和“双百”方针，坚持以科学的理论武装人，以正确的舆论引导人，以高尚的精神塑造人，以优秀的作品鼓舞人，在全社会形成积极向上的精神追求和健康文明的生活方式。

第三，坚持科学发展。以科学发展观统领文化改革发展，坚持以人为本，做到文化发展为了人民、文化发展依靠人民、文化成果由人民共享。加大转变文化发展方式力度，不断提高文化发展质量和效益。

第四，坚持改革创新。以改革促发展、促繁荣，着力推进文化体制机制创新，提高文化开放水平，不断解放和发展文化生产力，让文化发展焕发生机与活力。

第五，坚持统筹兼顾。始终把社会效益放在首位，实现社会效益和经济效益有机统一，统筹文化与经济、政治、社会、生态文明建设，统筹城乡、区域文化发展，统筹文化事业和文化产业发展，提高文化改革发展的科学化水平。

第六，坚持突出特色。以吉林特色文化资源为基础，在保护传承上下功夫，在整合提升上下功夫，把握时代发展要求，打造吉林文化品牌，提升区域文化影响力。

吉林省文化发展战略的发展目标是：坚持不懈地推进文化建设与经济建设、政治建设、社会建设协调发展，推动社会主义文化大发展大繁荣，促进人的全面发展，为实现吉林老工业基地全面振兴、全面建设小康社会提供坚强思想保证、强大精神动力、有力舆论支持、良好文化条件。到 2015 年，基本实现吉林文化大发展大繁荣的阶段性目标：社会主义核心价值体系深入人心，公民素质进一步提高；现代传播体系基本形成，文化传播力、凝聚力和影响力明显提升，更好地发挥文化推动发展、促进和谐稳定的作用；覆盖城乡的公共文化服务体系基本健全，实现普惠城乡群众，人民群众能够公平、就近、便捷地享受公共文化服务和健康丰富的文化生活，更好地满足人民群众精神文化需求；优秀文艺作品丰富多彩，文化市场全面繁荣，充分利用地域文化资源，强化文化的继承、创新、开放、包容，形成各民族文化异彩纷呈、共同繁荣的吉林特色文化；文化产业加快发展，结构更加优化，效益和质量显著提升，文化产业增速高于同期地区生产总值增速，增加值占全省地区生产总值的比重达到6%以上，成为国民经济支柱性产业；文化体制改革重要任务基本完成，文化发展的体制、人才和政策保障更加有力，发展的基础、条件和活力显著增强。初步建成国家重要的文化产业基地、优秀文化产品生产基地、文化艺术人才基地和东北亚区域重要的文化交流中心。

提出吉林省文化发展战略目标的着力点是：要围绕中心，服务大局，为经济社会又好又快发展作贡献；要体现以人为本，更好地满足人民群众精神文化需求；要充分挖掘、传承和利用地域文化资源，培育和发展吉林特色文化；文化产业要成长为国民经济支柱性产业，提高对全省经济发展的贡献率；健全文化发展的机制、人才和政策保障，增强文化发展的活力和后劲。

2.2.3.2 吉林省文化发展战略实施的重点举措

第一，实施社会主义核心价值体系建设工程。总的要求是把社会主义核心价值体系建设贯穿到改革开放和社会主义现代化建设各领域，体现到文化建设各方面，落实到基层社会管理和群众日常生产生活中。强调以学习型党组织建设带动学习型社会建设。强调结合各地、各部门、各行业实际，把社会主义核心价值体系要求具体化。强调倡导和培育“创新、公正、包容、守法、诚信”等价值取向。强调各级领导干部要带头坚持正确的价值取向，进一步增强党的凝聚力、政府的公信力、干部的执行力和制度的约束力。

第二，实施现代传播体系建设工程。考虑舆论的极端重要性、敏感性和复杂性，关系全局发展和社会稳定，单列了一个工程。强调坚持正确舆论导向，营造振兴发展的浓厚氛围。强调加强舆论引导和媒体管理。强调加快现代传播体系建设，不断提高主流媒体的影响力、传播力、凝聚力。强调加强对外宣传和文化交流，努力提升光大吉林形象。

第三，实施公共文化强基惠民工程。“十二五”时期仍然是我省公共文化基础设施的集中更新建设期。把公共文化服务体系建设的重点放在强基惠民上。《实施意见》逐层明确了省、市、县、乡、村各级健全文化基础设施的具体要求。对推进城乡文化资源共享作出了具体的工作安排，特别强调把各种文化资源整合到文化大院，作为丰富农村群众精神文化生活最实际、最方便、最常用的活动平台，作为文化基础设施的重点工程。这些都体现了以人为本，是从吉林实际出发，有创意有特色的安排。

第四，实施地域历史文化资源建设工程。文化自觉源于文化自信。独具特色的吉林地域历史文化资源是吉林文化建设的基础和源泉。地域历史文化资源建设工程，全面系统地将吉林历史文化资源进一步发掘出来，抢救保护起来，传承利用起来，对于增强文化自觉和文化自信、发展繁荣吉林特色文化、增强我省文化“软实力”意义重大。

第五，实施文艺创作繁荣工程。主要强调以满足人民群众精神文化需求为出发点和落脚点，进一步发挥我省文艺创作优势，坚持“国家水平、吉林特色”创作标准，促进文学艺术和哲学社会科学全面繁荣。强调活跃繁荣城乡文化市场，着力抓两头，大城市带头活跃城市文化生活、繁荣文化市场，同时活跃农村和社区群众的文化生活。

第六，实施文化产业发展提速工程。谋划明确了我省文化产业的总体布局和重点产业，强调加快将骨干文化企业做大做强，强调大力扶持发展民营文化企业，强调把园区建设作为文化产业增量发展的重要载体，强调推动文化产业与其他产业融合发展。针对文化产业发展中的资本、信贷难题，强调加强金融服务和融资平台建设。

2.2.3.3 吉林省文化发展战略实施的保障措施

第一，进一步深化文化体制改革。吉林省文化体制改革始终坚持以解放和发展文化生产力为出发点和落脚点，坚持遵循市场经济规律与文化艺术自身发展规律，坚持实现好发展好文化工作者切身利益，注重改革与整合相结合、改革与扶持相结合、改革与建设相结合。按照中央要求和吉林省实际，研究制定了改革政策，对全省文化体制改革的主要任务作出安排、提出要求。按照中央要求，对保证公共财政对文化建设投入的增长幅度高于财政经常性收入增长幅度，增加专项资金投入，继续执行文化体制改革配套政策等提出了要求。

第二，加强文化人才队伍建设。推进吉林省文化改革发展，队伍是基础，人才是关键。强调建立更加灵活的选人用人机制，培养和扶持各方面的领军人物，促使文化平台和资源向人才手里集中，强调加强基层文化人才队伍建设。确定选派文艺单位改革分流人员到城市街道、社区和乡镇综合文化站做文化工作。培养扎根基层的乡土文化能人、民族民间文化传承人等。

第三，加强和改进党对文化工作的领导。强调各级党委切实担负起推进文化改革发展的政治责任。把文化改革发展成效纳入科学发展考核评价体系，作为衡量领导班子和领导干部工作业绩的重要依据。加强文化领域领导班子和党组织建设。建立健全党委统一领导、党政齐抓共管、宣传部门组织协调、有关部门分工负责、社会力量积极参与的工作体制和工作格局，形成文化建设强大合力。

2.3 金融文化发展战略的意义

2.3.1 金融文化发展战略在金融文化发展中的地位和作用

金融文化发展战略问题一直是金融业和金融文化发展和建设中的关键问题，是传承当代中国金融文化事业发展的核心火种。在我国经济持续稳健的快速发展，产业机构不断趋于合理的今天，金融业的蓬勃发展无疑会为我国的经济持续腾飞提供不竭的动力。而金融文化这一金融事业的灵魂，也成为学术界和实践界研究和思考的重点问题。金融文化该如何发展？如何构建？怎样构建？作为金融文化的战略，无疑具有独特的和切实的特殊意义。

首先，金融文化发展战略是推进金融行业振兴和构建社会主义经济强国的核心要求。我国金融产业的快速蓬勃发展离不开与之相适应的金融文化的繁荣发展，而金融文化可以说既是一个经济概念，又是一个文化概念，其概念具有较为丰富的内涵和外延，它构成了金融事业发展中最为重要的一个组成部分，是我国实现金融产业，乃至其他产业发展的最为核心的精神文化资源。它的发展和传承需要较为深厚的历史沉淀，是由一代代金融从业人员为代表的金融精英们所镌刻在我国金融业上最为深刻的丰碑。它是对金融文化发展的系统性思考，代表着中国金融行业员工的价值观、生活方式，代表着中国金融行业的发展道路和方向。故而我们必须充分认识到金融文化发展战略的重要性，结合时代和社会的要求，继承、创新和弘扬先进的金融文化战略理念，在改革开放30多年来的不懈探索和积极努力之下，中国的金融行业取得了长足的发展，获得了世所罕见的成就，成为国民经济的支柱性产业之一，对国家财富的贡献程度也是越来越大。但是，我们还应该看到在世界500强和世界银行业500强企业名单上那些我国金融企业光辉灿烂的名字之外，我国金融行业的金融产品和衍生品的开发、金融行业人员的从业素质、金融企业的管理体系和规模与金融行业所表现出来的影响力相去甚远。所以必须尽快构建我国金融文化战略，提升金融行业的国际化视野，提升我国金融文化软实力，将金融业继承和发展的优秀素养，持续教育和灌溉我国金融行业这片肥沃的土地，在不断更新和发展的基础上保持金融文化的传统核心价值观，使金融文化的理论与实践不断创新发展，逐渐趋于成熟，使金融业整体在思想上达到新的高度。

其次，制定金融文化发展战略是我国金融行业参与国际化竞争和深化发展内涵的有力精神支撑。在中国金融业企业不断参与国际市场竞争的今天，中国的金融企业必须根据国内外经济和政治环境的变化及时进行适合自身发展要求的战略调整，这些都对我国金融业在数量上和质量上提出了新的要求。从国内环境来看，我国地区经济发展的不平衡，决定我国地区金融业发展的不平衡，会出现诸如组织结构行政化较强、产品结构单一、员工激励不足等一系列金融管理问题。从国外环境来看，我国金融企业参与国外竞争，面临着诸如管理水平低下、金融创新不足，对消费者认知较少、合规风险等一系列问题。因此，中国金融企业必须从文化发展战略的高度来思考未来中国金融企业如何参与国际间金融竞争，思考自身能力和企业宏观目标的结合，倡导有效、共赢的发展思路，使中国的金融企业在遵照国际现行的金融管理秩序的前提下获得腾飞，实现中国金融业整体水平的增长和发展。故而，只有制定金融文化发展战略走文化金融之路，充分发挥文化对金融事业发展的催化作用，消除金融发展过程中存在的诸多问题，金融事业的持续发展才最终得以实现。

最后，制定金融文化发展战略是提升我国金融软实力，积极参与国际金融竞争和增强金融发展影响力的时代要求。在国家竞争，甚至企业竞争中，日益突出的是企业的软实力之间的竞争，故而提升金融企业的文化软实力，也成为中国金融企业实现全面、协调、可持续发展的重要内容，实现中国金融业更好更快发展的重要举措，也是中国金融业与国外交流和建立联系的重要纽带。在当今的历史时代，为了完成中国金融企业的发展能力的提升，业务结构的提升，就必须立即并高度重视文化软实力的建设，全面提高我国金融业的综合实力。在当今世界的金融竞争中，竞争的核心是金融企业综合实力的竞争，不仅包括经济实力、管理实力、市场能力等方面的竞争，也包括了文化方面的竞争。作为金融竞争综合实力重要组成部分的文化软实力，对金融企业综合实力中各要素的提高和发展具有十分重要的催化作用。但是，当前中国金融业的软实力建设还相对较为薄弱，世界范围内的影响力度还较小。因此全面展示中国金融业的文化魅力，提高我国金融文化在国际市场的占有比例，扩大我国金融文化外向的竞争能力，都是当前摆在我国金融业面前的一项紧迫任务。面对现在西方金融文化的输出和价值观的渗透，我国金融文化发展的形势面临着巨大的挑战，面对这样一种特殊的发展机遇，必须尽快构建我国金融文化发展战略，维护金融业文化发展的继承和传播。

2.3.2 制定吉林省金融文化发展战略是一项紧迫任务

金融文化发展战略是多种理论和制度的结晶，因其涉及面广、要求高且要求与实际相结合，所以决定了其建设过程的复杂性和建设时间的长期性；因为金融活动深入到社会生活的方方面面，对经济发展起到促进或者促退的作用，所以决定了金融文化建设的重要性，而对吉林省而言，由于其经济发展在国内一直处于较为落后的情况，金融业的发展一直处于较为迟缓的态势中，但是随着近年来经济发展水平的不断提升，各类省外金融机构逐渐进入吉林省市场，导致了吉林省内金融市场的竞争日益激烈，本省金融企业的竞争能力不足，使得其市场份额逐年萎缩，另外由于省内金融市场的外向型发展逐渐凸显，故而省内金融业也遇到一系列前所未有的新情况、新问题，所以决定了吉林省金融文化发展建设的急迫性。面对日新月异的金融格局，和外向型经济的不断加深，吉林省金融业所面临的冲击和金融文化之间的碰撞将会日益加大。提升吉林省金融业文化发展战略的建设势在必行，成为提升吉林省金融文化软实力的重中之重。

3 吉林省金融文化发展环境及优劣势分析

通过对我国和吉林省文化战略发展进行的梳理和总结，完整的还原了我国当代文化发展的总体脉络，并在此基础上反观我省金融文化建设问题，论证了构建我省金融文化战略的重要性和紧迫性，但是如何在多变的市场环境中和我省金融业的蓬勃发展中，构建吉林省金融文化的发展战略还有很长的一段路要走。

正所谓“知己知彼，百战不殆”，对于战略对象进行环境分析和优劣势分析，就是所谓的“知己”和“知彼”的过程。目前对于战略环境和自身优劣势比较成熟的分析方法是 PEST 分析法（宏观环境分析法）和 SWOT 分析方法。

PEST 分析是战略分析对象分析其外部宏观环境的一种方法。宏观环境又称一般环境，是指影响一切行业和企业的各种宏观力量。对宏观环境因素作分析，不同行业和企业根据自身特点和经营需要，分析的具体内容会有差异，但一般都应对政治（Political）、经济（Economic）、技术（Technological）和社会（Social）这四大类影响战略分析主体的主要外部环境因素进行分析。简单而言，称为 PEST 分析法。

SWOT 分析方法是战略规划过程中较为常用的分析方法之一，它包括分析目标主体的优势（Strength）、劣势（Weakness）、机会（Opportunity）和威胁（Threat）。其实质是将对分析主体的内外部条件各方面内容进行综合和概括，进而分析组织的优劣势、面临的机会和威胁的一种方法。通过 SWOT 分析，可以帮助分析主体把资源和行动聚集在自己的强项和有最多机会的地方。其中优劣势分析主要是着眼于分析对象自身的实力及其与竞争对手的比较，而机会和威胁分析将注意力放在外部环境的变化及对企业的可能影响上。

3.1 基于 PEST 下的吉林省金融文化发展环境分析

3.1.1 吉林省金融文化发展的人文环境

吉林省简称“吉”，位于中国东北地区的中部。吉林省在全国的位置主要体现为三个大约 2%：面积 18.74 万平方千米，占全国的 1.95%；2012 年人口 2750.4 万人，占全国的 2.03%；2012 年年末 GDP 达到 11937.82 亿元，占全国的 2.31%。现辖 1 个副省级市、7 个地级市、延边朝鲜族自治州和长白山管委会，60 个县（市、区）。省会长春市，是全省政治、经济、科教、文化和金融、交通的中心，中国特大城市之一。

吉林省情的突出特点，可以概括为“一个中心”“两个基地”“三个优势”。

“一个中心”——吉林省地处由中国东北地区、朝鲜、韩国、日本、蒙古和俄罗斯东西伯利亚构成的东北亚地理中心位置，在联合国开发计划署积极支持的图们江地区国际合作开发中居于重要地位，具有发展东北亚区域合作的优越区位条件。

“两个基地”——吉林省是中国重要的工业基地和商品粮生产基地。吉林省加工制造业比较发达，汽车、石化、农产品加工为三大支柱产业，医药、光电子信息为优势产业。吉林省地处享誉世界的“黄金玉米带”，是著名的“黑土地之乡”，农业生产条件得天独厚。多年来，吉林省粮食商品率、人均粮食占有量以及人均肉类占有量居全国第 1 位。

“三个优势”——吉林省科技教育、生态环境和重要资源具有相对优势。全省每万人中拥有科学家、工程师和在校大学生人数均居全国前列。高等教育毛入学率达到32.3%。吉林省拥有自然保护区36个，占全省国土面积的12.26%。吉林省森林覆盖率达43.4%，东部地区达到70%以上，是国家生态建设试点省。吉林省矿产资源比较丰富，油页岩、硅灰石、火山渣等矿产储量居全国首位，开发潜力巨大。

3.1.2 吉林省金融文化发展的经济环境

吉林省的经济发展水平在全国处于中等。新中国成立六十多年来，吉林省的经济状况有了重大的改善。吉林省本来是农业大省，随着工业化口号的提出，其工业得到了飞速的发展，成了名副其实的工业大省，尤其是汽车制造、机械制造等行业。然而，自20世纪90年代开始，全国各地注重发展第三产业，吉林省经济在全国的地位骤然下降。伴随着2003年“振兴东北老工业基地”口号的提出，吉林省的经济开始了又一次跳跃。就目前来看，虽然近年来吉林省的经济经历了快速发展，但其整体水平与北京、天津等发达地区相比还存在一定的差距。2011年，吉林省的经济总量为10530.71亿元，第一次突破了万亿元大关，增长率为13.7%，比全国平均增长水平的9.2%高出4.5个百分点，增速居全国第8位。而2012年，吉林省经济总量为11937.82亿元，增长率为12.0%。自2004年开始，吉林省的经济增长速度一直在10%以上，高于全国的平均水平，也就是说，吉林省的经济水平与发达省份相比差距在逐年缩小。此外，经济发展的同时，吉林省还保持了较高的对外贸易依存度，外贸经济有了很大发展，利用外资规模有所扩大。2012年全省全年实际利用外资58.16亿美元，增长17.6%，其中外商直接投资16.49亿美元，增长11.3%。全年域外资金实际到位3872.6亿元，增长23.6%，其中，实际利用外省资金

3832. 1 亿元，增长 31. 2%。

此外，吉林省民生工程也得到了很大的改善。伴随着经济的快速发展，财政收入有了大幅增长，2012 年完成地方级财政收入 1041. 25 亿元，增长 22. 5%。其中，完成税收收入 760. 57 亿元，增长 21. 8%。在完成税收收入中完成企业所得税收入 111. 21 亿元，增长 22. 8%。税收收入占地方级财政收入的比重为 73. 0%，下降 0. 4 个百分点。2012 年完成地方财政支出 2471. 2 亿元，增长 12. 2%。其中：教育支出 451. 05 亿元，增长 41. 0%；社会保障和就业支出 304. 0 亿元，增长 1. 7%；科学技术支出 24. 96 亿元，增长 17. 8%；医疗卫生支出 160. 36 亿元，增长 11. 5%；住房保障支出 145. 19 亿元，增长 17. 0%；节能环保支出 113. 85 亿元，增长 11. 2%。城镇和农村居民收入水平也得到了显著提高，2012 年全省城镇居民人均可支配收入达到 20208. 04 元，比上年增长 13. 6%；城镇居民人均消费性支出为 14613. 53 元，增长 12. 3%。农村居民人均纯收入达到 8598 元，增长 14. 5%；农村居民人均生活消费支出 6186 元，增长 16. 6%。城镇恩格尔系数为 31. 7%，农村恩格尔系数为 30. 5%。城镇人均住房建筑面积 29. 09 平方米，增加 0. 21 平方米；农村人均住房面积 24. 71 平方米，增加 0. 27 平方米。这都为民生支出资金的筹集提供了有力的保障。与此同时，社会保障制度逐步完善，各项惠农支农政策逐渐落实，“暖房子”工程全面推进。截至 2012 年年末，全省城镇基本养老保险覆盖总人数达到 663. 4 万人，同比增长 4. 0%。其中参保职工为 397. 6 万人，增长 0. 3%。全省城镇基本医疗保险参保人数达到 1369. 9 万人，增长 1. 5%。年末失业保险参保人数达到 251. 7 万人，增长 1. 9%。工伤保险参保人数达到 359. 4 万人，增长 8. 4%。生育保险参保人数达到 350. 4 万人，增长 4. 3%。2012 年全省共筹集城乡低保资金 42. 37 亿元，其中城市低保资金

32.05亿元，农村低保资金10.32亿元。城市低保月标准和月人均补助水平分别达到291元和235元，比上年增长9%和3.1%；农村低保年标准和年人均补助水平分别达到1730元和1320元，增长9.5%和10%，有效保障了全省169万城乡低保对象的基本生活。全年投入医疗救助资金7.04亿元，资助救助城乡困难群众209万人次，其中直接救助67万人次。全年共下拨救灾资金2.02亿元，妥善安排了262万人次受灾群众的基本生活。2012年省财政列支农村五保供养补助经费5958万元，目前，全省共保障农村五保供养对象11.9万人，其中集中供养对象3.3万人，分散供养对象8.6万人，集中供养年人均补助标准为3200元，分散供养对象年人均补助标准为2200元。全省累计投入资金1.8亿元，建成农村社区服务中心942个。

吉林省的三大产业结构也趋于完善，2012年，吉林省的三大产业结构比例为11.8∶53.4∶34.8。工业还是占据主导地位，支柱产业主要集中在汽车、石化、食品、医药和信息，规模以上工业发展较好。同时，小型企业在最近几年发展迅速，占据了工业的半壁江山。经济发展的一般规律是工业慢慢崛起，然后第三产业快速发展成为主导产业，农业比重最小。吉林省三大产业中的农业比重最低，这与经济发展的一般规律相一致。然而，第三产业的发展趋势与基本规律有所不同。吉林省第三产业的总体趋势是上升的，但受外部环境和政策影响，最近几年服务业增速放缓，比重有所降低。工业对国内生产总值的贡献率最大，最近几年一直在50%以上，2012年达到了史无前例的62.9%；第三产业的贡献度一直保持在30%以上，2012年为32.2%；第一产业的贡献率是最低的，2012年仅达到4.9%。吉林省的三次产业结构走势基本符合经济规律，只是其工业的比重应适度降低，同时第三产业所占比重有待提高。

3.1.3 吉林省金融文化发展的社会环境

第一，在科技发展上。吉林省科技实力较强。新中国成立以来，中国第一块合成橡胶、第一座显微镜、第一锅光学玻璃、第一台红宝石激光器、第一辆国产东风牌汽车和红旗轿车、第一代铁路客车和地铁电动客车、第一批全分离稀土元素、第一台高分辨核磁波谱仪、第一台彩色激光电视等，都是由吉林省的科研机构研究开发的。先后取得了人胰岛素、大豆杂交种、混合动力汽车、激光元器件、聚醚醚酮新材料等一大批重大科技成果。全省县以上政府部门属自然科学研究机构有 120 个，其中，中科院属 3 个，省属所 48 个。拥有中国科学院和中国工程院院士 21 人（不包括双聘院士）。全省已建成国家级重点实验室 10 个，省属重点实验室 15 个，省级科技创新中心（含工程技术研究中心）81 个。在光学、应用化学、固体物理、电子信息技术、生物技术、新材料、现代农业、现代中药等研发领域具有较强的科技竞争力，有的处于前沿地位。

第二，在教育发展上。全省拥有小学 6184 所，普通初中 1226 所，普通高中学校 262 所，中等职业教育学校（机构）384 所。另有职工技术培训学校（机构）2691 所。全省共有研究生培养单位 19 个。全省普通高校 45 所，其中普通本科院校 26 所；普通专科（高职）院校 19 所；另有普通高校举办的独立学院 10 所。全省有成人高校 16 所。吉林大学是国家“985 工程”重点建设学校，吉林大学、东北师范大学、延边大学是国家“211 工程”重点建设院校。

第三，在文化产业发展上。吉林文学艺术散发着浓郁的关东黑土地气息。以长白山和黑土地文化为代表的吉林地域文化源远流长。吉林省是著名的“中国二人转之乡”“中国民间文化艺术之乡”“中国现代民间绘画之乡”“中国马头琴之乡”“中国琵琶之乡”“中国松花砚之乡”。长春电影制片厂是中国电影的摇篮。新中国成立以来，长影拍摄出一部又一部优秀经典影片，为全国电影厂和影视机构输送了一批又一批业务骨干，培育了一代又一代著名电影艺术家。拍摄的经典优秀故事影片有《白毛女》《董存瑞》《英雄儿女》《上甘岭》《党的女儿》《冰山上的来客》《五朵金花》以及《人到中年》《开国大典》等。全省现有文化馆 63 个，群众艺术馆 13 个，文化站 719 个；艺术表演团体 65 个。有公共图书馆 65 个，博物馆 72 个。现有 11 个省级文化产业示范基地，拥有 4 个国家级文化产业示范基地。吉林省首家民营文化企业东北风二人转艺术团被文化部命名为“国家文化产业示范基地”。全省文化产业快速发展，文化产业集团组建初具规模。吉林歌舞、吉林影视剧、吉林“二人转”、吉林动漫等一个个具有浓郁地方特色的文化品牌在全国迅速走红。长影焕发了生机，国家农村题材电影创作基地和基金在长影设立。全省文化艺术人才济济，文艺创作硕果累累，一大批优秀作品获国家“五个一”工程奖等奖项。吉林市文化局、长春市朝阳区文体局被评为全国文化产业先进集体。全省文化产业迸发前所未有的生机与活力，正在成为吉林经济新的增长点。

3.1.4　吉林省金融文化发展的金融环境

总的来说，吉林省的金融业不是很发达，金融机构较少，经济增长缺乏后劲。然而，伴随着一系列金融环境“生态建设”政策的出台，吉林省金融业在近年来发展较快，金融业平稳运行，其规模整体呈扩大趋势。2012 年，吉林省社会融资规模 1489.5 亿元，同比增长 6.5%。其中，新增人民币贷款 1029.5 亿元。从结构来看，新增人民币贷款占社会融资规模比重为 69.2%，比去年下降 8.6 个百分点，直接融资作用在逐步增强，融资结构得到优化。新增企业债券融资 100.9 亿元，占比 6.8%；新增非金融企业股票融资 19.6 亿元，占比

1.3%；新增保险公司赔付71.5亿元，占比4.8%。

第一，信贷规模保持稳定增长。2012年年末，吉林省本外币存款余额12812.1亿元，同比增长16.9%，增速高于全国平均水平2.8个百分点。本外币贷款余额9270.5亿元，同比增长12.5%，低于全国平均水平3.1个百分点，比年初新增1029.6亿元，同比少增99.7亿元。

第二，信贷结构不断优化。一是涉农贷款新增较多，截至2012年年末，吉林省涉农贷款余额2660.3亿元，同比增长18%，高于全部贷款增速5.5个百分点。较年初新增399.6亿元，占全部新增贷款的38.8%。二是积极支持小微型企业发展。2012年年末，全省中小微型企业贷款余额3245.9亿元，同比增长20.9%，高于全部贷款增速8.4个百分点。支农和小微企业金融服务连续实现“两个不低于”的目标。三是保障性住房开发贷款高速增长。2012年年末，全省保障性住房开发贷款余额186.5亿元，比去年同期增加83.7亿元，余额增长81.4%，增速处于全国领先水平。四是居民消费得到有效支持。2012年年末，全省个人消费贷款余额1084.8亿元，同比增长23.7%，高于贷款平均增速11.2个百分点；比年初新增209亿元，同比多增35.6亿元。其中，个人住房贷款余额794.4亿元，同比增长25.3%；个人汽车贷款余额115.7亿元，同比增长58.6%。

第三，资本市场融资取得新进展。截至2012年，吉林省A股上市公司38家，在全国排名第18位，累计募集资金387.7亿元，其中，首发筹资180.3亿元，配股筹资85亿元，非公开发行筹资106.4亿元，公司债券15.9亿元。全省14家企业债券融资共计146.9亿元。截至2012年年末，全省新增42家股权投资类企业，注册（认缴）资本26.1亿元，现已累计注册成立股权投资类企业89家，注册（认缴）资本88.6亿元。据不完全统计，在我省注册设立的股权投资基金对省内50多家企业投资30多亿元，对于扩大企业融资渠道、有效完善企业治理结构、加快建立现代企业制度等方面发挥了积极作用。

第四，保险业保障功能持续增强。2012 年，全省实现保费收入 232.5 亿元，保费收入同比增长 4.1%。全省保险业承担风险总额 46626 亿元，同比增长 24.7%。全省保险业赔付支出 61.9 亿元，同比增长 15.6%，简单赔付率 30.7%，同比提高 3.9 个百分点。其中，2012 年全省参保农户为 201 万户，五大作物参保总面积 272 万公顷，保费收入 8.4 亿元，实现了对全省县域的全覆盖，是开展农业保险以来，承保面积最大、保费收入最多、参保农户最广的一年；责任保险实现重大突破。2012 年，责任保险在制度保障和经营模式方面取得重大进展，火灾公众责任险实现了立法强制，安全生产责任险被省安监局列为执法检查项目和企业标准化建设达标条件。各财产保险公司开展了包括雇主责任保险、公众责任保险、安全生产责任保险、医疗责任保险、承运人责任保险、产品责任保险、旅行社责任保险、校园责任保险等十余种责任保险。全年责任保险承保金额 3022 亿元，同比增长 65.2%；共实现保费收入 1.7 亿元，同比增长 24.3%；参与社会保障体系建设取得新进展。我省保险业积极开展大病保险的测算和规划，推动《吉林省城乡居民大病保险实施办法（暂行）》出台。通过不断深入开展城镇职工和居民补充医疗等多种形式的健康险、养老险业务，进一步参与社会保障体系建设。2012 年，全省健康险保费收入 12.2 亿元，同比增长 22.3%，赔付支出 4.4 亿元，同比增长 21.1%，承保 1675 万人次；养老型寿险业务保费收入 20.3 亿元，累计承保 90.9 万人次。

第五，经营效益和资产质量稳步上升。截至 2012 年年末，全省银行业机构实现利润 218.5 亿元，同比增加 55.3 亿元。其中，政策性行实现利润 39.3 亿元，同比增加 5.3 亿元；大型商业银行（工农中建交）实现利润 93.7 亿元，同比增加 16.6 亿元；股份制商业银行实现利润 23.6 亿元，同比增加 6.9 亿元；城市商业银行实现利润 15.7 亿元，同比增加 3.2 亿元；农村商业银行、农村信用社、农村合作银行合计实现利润 31.6 亿元，同比增加 21.1 亿元。截至 2012 年前三季度，辖区两家证券公司赢利 1.2 亿元，3 家期货公司赢利 150.7 万元，扭转了上年亏损的局面。全省保险业承保利润 5.2 亿元。

第六，金融合作取得新进展。推动金融与产业开展深层次合作。2012 年 9 月，组织召开了东北亚金融与产业合作圆桌会议，来自东北亚各国的 200 余位著名金融机构、大型央企和民营企业高层领导出席会议。平安保险（集团）与吉林省政府签署了战略合作协议，吉林省新能源投资公司、国储能源集团、深圳平安创新资本投资公司三方签署了 100 亿元“气化吉林”投资协议，省金融办分别与中国高新投资集团、金沙江金融公司签署了战略合作协议。积极争取金融资源和信贷规模的倾斜。中国农业银行、中国银行、交通银行、招商银行、华夏银行、北京银行、韩国韩亚金融集团等国内外大型金融机构总部领导先后 20 余次到吉林省考察交流。积极引进域外金融机构，长城证券公司、中银国际证券公司、海通证券公司先后在吉林省设立了省级分公司。百年人寿吉林省分公司和中国人寿财产保险吉林省分公司正式开业。协调推动金融机构服务重点产业和重点企业。组织召开了全省金融重大项目融资对接会，搭建银企对接平台，整合重点项目融资需求信息，编制融资需求手册，向金融机构积极推介。

第七，金融创新扎实推进。首先，土地收益保证贷款试点稳步推进。截至 2012 年年末，正式开展土地收益保证贷款试点工作的县（市）已达 3 个，分别是梨树县、东丰县、敦化市，共为 1327 户农户发放了 3674.1 万元贷款。目前，开展保证贷款业务的金融机构有省农联社、吉林银行和省农行，其中，省农联社发放 3578.3 万元、吉林银行发放 85.3 万元、农行发放 10.5 万元。贷款投向养殖业 2010.1 万元，占 54.7%；种植业 945.7 万元，占 25.7%；用于上学、购买运输机械和治病等消费类 718.3 万元，占 19.5%。保证贷款业务极大地拓宽了农民的融资渠道，降低了农民的融资成本，促进了农村经济社会发展。其次，银团贷款增长迅速。2012 年，全省银团贷款余额 575.9 亿元，比年初增加 125.4 亿元，增长 28%。以国家开发银行吉林省分行为例，2012 年筹组直接银团贷款项目 4 个，分别为长春经济圈环线农安经九台至伊通项目、辽源至西丰高速公路项目、吉林市哈达湾棚户区改造项目、吉林市哈达湾区域土地收储项目，总额 183 亿元。创新银团贷款方式，新签"附带转让安排银团"贷款项目 2 个，分别为通化至东丰高速公路项目、小沟岭至抚松高速公路项目，总额 156 亿元。

3.2 吉林省金融文化发展 SWOT 分析

3.2.1 吉林省金融文化发展的优势

第一，"十二五"期间，吉林省金融文化发展面临比较有利的宏观政策条件。我国金融业将继续按照市场化的取向积极推进改革，扩大开放。金融机构体系、金融市场体系、金融监管体系、个人征信体系将更加完善，金融业积累的一些体制性问题将逐步得到解决，金融业整体发展水平将有较大提高，并进一步促进了我省金融文化发展水平的提高，这些都有助于吉林省金融业尽快化解矛盾，缩小与发达省份的差距，步入新的发展轨道。我国加入 WTO（世界贸易组织）关于金融开放各项承诺的充分落实，使我省金融业进入对外开放新的历史时期，外资金融机构以及域外资本将逐步增加对我省金融改革发展的参与，丰富我省金融市场，带来先进的金融理念，使我省金融文化种类更加多样化，提高我省金融业的整体水平。我省经济社会发展、经济结构调整、深化企业改革等许多方面的重点和目标，与金融业深化改革和创新的重点和目标是一致的。我省 GDP 要保持 12% 的增长速度，必须保持投资持续较快增长，必须对金融业发展产生巨大的需求空间，同时基于金融文化对金融业发展巨大推动作用，必然会加大金融文化建设的投入力度，使金融文化建设在我省的发展更加趋于多元化和多样化。

国有企业深化改革、产业结构进一步升级，将主要依靠市场力量，由此产生对企业并购、资产重组等方面投资银行服务。股份制应成为企业的主要组织形式，直接融资比重将进一步加大，将对多种形式、多种层次的资本市场产生巨大需求。进一步完善健全社会保险体系，对补充养老保险的需求将对保险业、资本市场以及银行服务产生新的需求。同时金融业企业的多样性发展也给金融文化的发展注入了更多的新鲜元素。

中小企业的金融服务将得到发展。“十二五”期间国家将进一步改善和加强对中小企业金融服务，大力发展股份制、合作制以及其他形式的中小银行、中小企业投资公司、信用担保机构、金融租赁公司、典当行等机构。满足中小企业股权融资需求的多层次资本市场将得到大力发展。中小企业金融业务的开展在广度上拓宽了金融业发展的范围，同时为金融文化的发展提供了更加广阔的发展空间。

建设社会主义新农村，围绕农业结构调整、农村生活条件改善的金融需求扩大，需要加强农村金融服务，建立适应农村需求的多种形式的金融组织，有利于农村信用社改革，农业发展银行拓展支农服务功能，发展农业保险，发展农产品期货，以及探索发展新型农村金融组织形式。新型农村金融组织形式的开展对金融文化的发展提出了新的课题，使金融文化中更加融入吉林省地方发展特色，使其更加适应吉林省当前这一历史时空状态下特殊的发展状况。

基础设施和社会发展的资金需求增强。“十二五”期间，吉林省将重点在电力、水利、公路、铁路、民航、城市基础设施、社会事业及公共服务设施等方面加大投资力度，将对金融产生巨大需求，有利于进一步发挥银行特别是政策性银行的融资优势。同时也会促进债券、项目融资等直接融资的扩大，这进一步促进了金融要素在吉林省的活跃，同时诱发金融文化在吉林省的进一步发展。

落实科学发展观，扩大消费需求，面向个人的金融服务增加，形式多样化。围绕消费结构升级的金融服务，住房、汽车消费信贷等将继续得到快速发展。围绕个人消费或投资创业的基础性金融服务，比如征信服务、银行卡服务、个人支付结算工具等将得到迅速发展。围绕个人资产保值增值的需要，有利于金融机构创新涉及银行、证券、保险等多方面的综合性金融服务，这样也为吉林省金融文化的发展和实践提供了更多的实现空间和机会。

第二，吉林省金融文化发展继续保持稳步发展的态势。综观吉林省金融业面临的内、外部环境，实现吉林省金融业发展目标具备以下几方面的增长因素：首先，良好的宏观经济发展趋势成为金融业并带动金融文化快速发展的基础。2012 年，宏观经济平衡发展给金融业和金融文化发展提供了稳定的金融资源，社会财富总量明显增加，人民收入水平大幅提高。吉林省累计完成地区生产总值 11937. 82 亿元，比上年增长 12. 0% 亿元，城乡居民收入大幅度增加。2012 年，城镇居民人均可支配收入得到显著提高，达到 20208. 04 元，实际增长 13. 6%，城镇居民人均消费性支出为 14613. 53 元，增长 12. 3%。农村居民人均纯收入达到 8598 元，增长 14. 5%；农村居民人均生活消费支出 6186 元，增长 16. 6%。城镇恩格尔系数为 31. 7%，农村恩格尔系数为 30. 5%。城镇人均住房建筑面积 29. 09 平方米，增加 0. 21 平方米；农村人均住房面积 24. 71 平方米，增加 0. 27 平方米。吉林省“十二五”

期间将实现地区总产值年均增长12%的发展目标，国民经济的继续快速增长，为金融业务和金融文化发展水平的持续增长奠定了基础。其次，市场集中度明显下降。随着新进入市场经营主体业务的快速增长，金融市场集中度继续呈下降趋势。再次，金融新业务和新产品拉动相关金融业务快速增长。最后，多种销售渠道创新将为金融市场创造新的增长空间。第一是推进多种金融产品互动模式；第二是推广电话、网络销售渠道；第三是加强银行代理渠道建设，使银行网点利用率不断提高。故而吉林省金融文化在发展中凸显出多元元素共同交融的特点，也让吉林省金融文化的发展充满了生机与活力。

3.2.2 吉林省金融文化发展的劣势

第一，吉林省金融业存在的问题还比较突出，“十一五”期间，吉林省金融业尽管实现了持续增长，但是，发展水平和服务能力明显滞后于吉林省经济社会发展的需求。“十一五”期间，我省产业结构调整与升级，培育新的经济增长点，实施县域经济突破，发展民营经济和中小企业，都普遍面临着资金约束问题。同时，长吉图开发开放先导区的大力建设，产生了极强的虹吸效应，削弱了非长吉图地区的发展资金。同时期，我省国有企业改革加快，但是，由于国有企业与国有银行之间多年积累债务问题没有解决，制约了企业改革的进程。由于我省金融改革与开放相对滞后，驻我省国有银行分行在全国同行业中处于比较落后的地位，地方金融机构发展比较迟缓，新的外资和股份制银行机构进入数量较少，使我省金融业整体水平不高，造成在全国金融市场中竞争力不强，削弱了金融业为我省经济发展集聚资金的能力，也削弱了金融文化发展的物质基础。

第二，吉林省金融文化发展还存在一些问题。中国金融市场在快速发展的同时，也面临更加复杂多变的环境，如利率上升、人民币升值压力、资本市场价格的波动以及金融风险的跨行业传递都将对金融业务的发展以及金融公司资产管理带来新的挑战。给予消费者在金融市场上的信心不足，削弱消费者对金融文化活动的关注度。同时在吉林省金融文化市场中仍然存在些不容忽视的问题，如有的金融企业经营呈现亏损状态、金融业务存量缺口数量仍然较大、个别公司业务结构不合理的问题仍比较突出、金融代理机构和个人金融代理两大渠道业务占比减少，金融业营销员人均产能下降等。这些都削弱了金融文化传播的活跃性，这些目前在吉林省金融文化市场中存在的问题需要引起我们高度重视并在开展我们自己的金融文化发展的过程中予以重点克服。

3.2.3　吉林省金融文化发展的机会

第一，吉林省的金融服务需求增加，进而对金融文化服务需求进一步增加。一段时期以来，东北地区经济较全国来说发展比较缓慢，但自国家实施振兴东北老工业基地和长吉图开发开放先导区建设政策后吉林省的经济发展十分迅速。现在的发展速度已经超越了全国平均水平，在全国名列前茅，吉林省的经济建设取得了巨大的成就，人们的生活水平日益提高，可支配收入大幅增加，多余的资金需要寻找出路，对金融行业提供的金融产品的种类和服务的层次的要求不断提高。同时，随着居民消费观念的转变，超前消费的生活理念开始流行，直接刺激了金融消费信贷和信用卡的发展。作为扎根于本地的商业银行和其他进入吉林省市场的股份制银行和外资银行，设计贴近本地居民金融需求，针对其具体需求来设计个性化的金融产品，能进一步挖掘和引导城镇居民形成新的消费信贷类型，进一步释放他们的消费潜能，使金融文化的发展趋于更多样化。此外，国家社会保障制度、医疗制度、教育体制等改革也使人们更多地关注自己的财务状况，希望通过综合理财，确保个人和家庭的财富能持续安全的增长，更好地享受生活。富裕起来的广大城市居民为银行和证券等金融机构提供了广阔的理财市场，为其发展服务营销和彰显自身品牌性格，使顾客了解其金融文化带来了巨大的机会。在经济高速发展的同时，中小企业的发展及面临的融资难问题，也为定位于服务中小企业的其他金融机构发展服务营销提供了广阔的空间，和提升了金融文化品牌建设的纵深。

第二，信息技术的发展。电子信息技术发展及计算机的普及使用，为银行业的发展提供了新的技术手段和契机，也为金融文化的传播提供了更多传播渠道。电子技术的使用改变了金融机构传统办理业务的手段，大大提高了金融机构服务的效率和质量，缩短了客户办理业务的时间，使金融机构向高速化、便捷化迈进。自助银行、电话银行、网上银行的推广，使金融业务不再受时间、空间的限制，并且大大提高了效率和降低了成本，拓宽了金融机构的营业渠道和金融文化的传播渠道。电子信息技术的应用推动了金融产品和服务的创新，使金融机构突破原有的狭窄的业务范围，与电子化有关的金融产品不断地涌现，丰富了金融企业的业务范围。例如：中国人民银行建立了“全国银行清算系统”使商业银行可以通过这个系统进行资金划拨、汇款和清算。中国人民银行全国统一的个人和企业征信系统的建立，降低了银行的信用风险和节省了时间。网络信息化时代的来临，给吉林省金融业的业务创新、渠道建设、组织机构建设提供了全新的手段，进一步将吉林省金融文化的建设推进了一个更高层次的、更大发展空间的发展平台。

第三，振兴东北老工业基地和长吉图开发开放先导区，为吉林金融文化发展提供了重要的发展时间契机。吉林省正面临国家振兴东北老工业基地和长吉图开发开放先导区建设的有利时机，国务院、中国人民银行和银监会以及吉林省政府先后发布规章制度，对吉林省工农业发展提供有力的政策扶持。当地政府为当地的金融工作高度的重视，并予以大力的支持。金融机构的大力发展能够有力地推动吉林老工业基地振兴和长吉图发展的一个有力之举。使吉林省区域的商业银行和其他非银行金融机构从成立之日起，就定位于服务当地经济，服务于东北老工业基地建设和长吉图建设。

3.2.4　吉林省金融文化发展的威胁

第一，金融市场同业间的激烈竞争，带来不同金融文化之间的激烈碰撞。在吉林省这块市场中，既有资金雄厚的四大国有商业银行，还有经营灵活、管理先进的股份制商业银行、邮储银行、城商行和农商行在一起展开激烈的竞争，随着国外金融机构的不断进入，使这种竞争持续升级。并且近年来，随着金融管制的放松和金融自由化浪潮的推动，不断有银行把目光瞄向长春这个金融体制并不是很发达的地区。除了一直存在的交通银行、光大银行之外，2007 年开始，上海浦东发展银行、民生银行、招商银行、中信银行、华夏银行、兴业银行先后在长春建立了分行，另外有多家银行已将长春纳入了发展规划当中，2008 年 7 月 18 日，韩亚银行（中国）有限公司长春分行作为首家进驻吉林省的外资银行的开业，标志着由政策性银行、国有商业银行、股份制商业银行、外资银行和地方商业银行、农村信用社、新型农村金融机构组成的多元化、多层次的吉林银行业金融体系正在逐步形成，也意味着长春银行业间竞争也将越来越激烈。不同金融机构和不同地域的金融文化在吉林省这片土地上会必然进行碰撞。外资金融机构先进的公司治理结构、雄厚的资金、先进的技术、丰富的业务品种和营销经验对吉林省原来的金融结构产生重大的冲击和威胁，也必然会对吉林省业已稳定金融文化发展提出新的要求和挑战。

第二，非银行金融机构的竞争，使金融文化的竞争逐渐趋于多元化。据有关调查显示，随着国内资本市场的发展和投资渠道的增加，由于银行储蓄存款的低利率，使得存款对居民的吸引力越来越小，我国居民的储蓄意向减弱，并且趋于短期化。除投资购买股票外，购买国债、保险等金融资产的居民大量增加。随着共同基金的发展和短期融资券的推出，这种“金融脱媒”现象还将进一步深化。在利率市场化改革的背景之下，资本市场业务的快速发展不仅吸引和转移了一部分储蓄存款，而且吸引和分流了一批原来属于银行的优质对公存款客户，使得传统以商业银行为主要金融主体的固有的金融机构以信贷收入为主的收入结构模式受到直接融资市场的冲击，这样也对传统金融文化的建构的主体地位造成了严重的冲击。虽然传统以商业银行为主体的金融文化主体还将会继续发挥其贷款投放、资金清算等方面的功能，但其经营环境和方式将发生相当大的变化，如果说目前金融文化的建设主体不能及时和持续创新，那势必会在激烈的市场竞争中被时代所淘汰，并随着带来金融文化建设主体的短暂缺失，使吉林省金融文化处于较为盲目的发展状况。

第三，吉林金融文化建设主体面临的经营风险比较大。在经济全球化趋势下，随着利率市场化和汇率市场化改革的推进，我省金融业的外部经营环境的不确定性日趋增加。金融文化主体面临的风险越来越多，不仅面临着客户违约的信用风险和操作风险，还面临着汇率、利率、价格变动而引起的市场风险等。与国内外具有深厚背景的大银行日趋成熟的市场风险管理相比，吉林省区域的金融企业具有资本规模相对来说比较少，在风险的管理和监管方面经验不足，风险管理体系不健全，抗风险能力比较弱。尤其是吉林省区域金融机构的服务对象大多是面临融资难问题的中小企业和个人，资信状况和信用等级都比不上实力雄厚的大企业，经营的风险更大。所以，在建构吉林特色的金融文化的过程中，还需严把金融发展质量关，注意风险的防范和多层次的分析客户需求，加大对于风险的研究和管理，提升金融文化服务的质量和效率。

第四，金融市场“买方市场”时代的来临。近年来，随着人们生活水平的提高和消费观念的转变，人们对金融和金融文化的产品和服务的要求越来越高了，消费者对金融产品选择性的增强和购买行为的变化，标志着金融市场“卖方市场”时代的结束和“买方市场”时代的来临。随着客户文化水平的提高和金融知识的普及，对金融机构的产品和服务的鉴别及评价能力越来越强，不再仅仅满足于金融产品的收益性，还要综合考虑它的安全性、方便性和价格，这些都给吉林省内金融机构在建构上提出了新的问题，在吉林省，四家国有银行、不断涌入的股份制银行、外资银行、邮政储蓄、城市商业银行和农村商业银行，使吉林省的消费者在满足金融需求的时候有了更多的选择，对银行的服务质量、服务态度、服务速度、网络安全、产品创新有了更高的要求。同时也在金融文化的建设方面有了新的期许。吉林省原来固有金融体系若缺乏持久的服务创新，就很难满足客户不断变化的需求。以商业银行为主体的金融文化的建构主体若不采用各种形式的金融文化传播方式，就很难争夺客户，抢占市场。

第五，市场环境的威胁。由于吉林省地方政府控股的限制，吉林省金融机构的发展环境相对受到限制，政策性壁垒明显，在一些新兴金融业务诸如货币基金、资产证券化等方面发展很慢，以商业银行为主体的金融文化主体的发展缺乏开放的市场环境，使之存在较为严峻的管理合规风险的隐患。

4 吉林省金融文化发展战略规划

4.1 总体战略架构

吉林省金融文化战略由战略的指导思想、战略的目标和任务、战略的原则和方针、战略的步骤和重点几个内容来构成。

吉林省金融文化战略的指导思想，明确了吉林省发展金融文化所应秉承的思想基础。并在明确指导思想的基础上，根据当前吉林省金融行业所面临的客观环境，提出当前发展吉林省金融文化所应达到的目标、短期任务和长期任务。在明确目标和任务的基础上，分析吉林省金融文化建设应遵循的原则和方针，最后按照步骤和重点有条不紊的推进吉林省金融文化发展战略的设计工作。

4.2 战略指导思想

吉林省金融文化发展的战略指导思想是：以马克思列宁主义、毛泽东思想、邓小平理论和“三个代表”重要思想为指导，以科学发展观为统领，牢牢把握世界先进金融文化的前进方向，紧紧围绕实现去油吉林省区域特色的金融文化伟大目标和构建吉林省社会主义金融文明社会的要求，弘扬以爱国主义为核心的民族精神和以改革创新为核心的时代精神，树立新的金融文化发展观，解放思想、实事求是、与时俱进、开拓创新，发展面向现代化、面向世界、面向未来的区域的科学的大众的吉林省金融文化，不断满足人民群众日益增长的精神文化需求，努力培育有理想、有道德、有文化、有操守、有知识、有纪律的吉林省金融从业者，提高全省的金融思想道德和科学文化素质，促进人的全面发展和经济社会全面进步。在这个指导思想中，最为核心的是树立和坚持“新的金融文化发展观”。

金融文化的发展观决定了吉林省金融文化的发展路径、发展方向和发展重心，同时也决定了吉林省金融文化最终的发展目标和发展理念。新的金融文化发展观是与科学发展观相适应的发展观，是与和谐社会建设要求相统一的发展观，是关于金融文化地位和作用、金融文化发展方向、金融文化发展动力、金融文化发展思路、金融文化发展格局和金融文化发展目的总的看法和根本观点，它体现了全面协调和可持续发展的要求，体现了和谐发展的要求。可以说，新的金融文化发展观就是构建新时期吉林省区域特色的金融文化发展战略的指导思想。深刻领会新的金融文化发展观的精神实质，要从以下几个方面加以把握。

第一，从金融文化地位和作用来看，金融文化建设是吉林省金融现代化建设格局的重要组成部分，具有基础性、全局性和战略性意义。金融文化是人们经济、社会生活的重要内容，是一个国家和区域在金融领域赖以生存和发展的重要智力资源和精神动力。金融文化作为指导吉林省金融社会经济等诸多领域发展的灵魂，集中体现了吉林省金融和经济发展的品格，金融文化发展是经济社会发展的重要内容，也是金融社会进步的显著标志。当今世界，金融文化的力量在区域影响力竞争中的地位和作用日益突出，越来越成为衡量一个区域综合竞争实力强弱的重要尺度。金融文化的传播力、竞争力和影响力已成为各国提升国际金融地位和改善国际形象的重要指标。金融文化对经济、政治和社会的推动作用越来越明显。在政治上，金融文化的建设已经成为提高党在金融领域的执政能力、完善党的执政方式、提高党建设社会主义先进文化的能力的重要内容。在社会建设上，建设高效的金融管理环境、民主公正的金融法制环境、公平诚信的金融市场环境、安定有序的金融社会环境、舒适便捷的金融生活环境、健康向上的金融人文环境、可持续发展的金融生态环境等，都与金融文化建设密切相关。贯彻科学发展观，构建社会主义和谐社会，建设创新型国家都要求我们深刻认识金融文化建设的战略意义，努力促进吉林省区域特色金融文化的繁荣与发展，实现金融文化建设与经济、政治、社会建设协调发展。

第二，从金融文化发展方向看，必须明确金融文化问题的建设和领导核心，并紧紧围绕这一领导核心不动摇。吉林省金融文化的领导核心是中国共产党，在建设吉林省金融文化的过程中，必须坚持党对金融文化工作的领导，坚持我们党指导思想——马克思主义在金融领域意识形态领域的指导地位，坚持吉林省金融文化的前进方向。坚持马克思主义、毛泽东思想、邓小平理论和“三个代表”重要思想为指导，落实科学发展观，是先进金融文化前进方向的根本保证，是建设吉林省金融文化价值体系的首要内容。在全球化的背景下，面对世界经济、政治、文化相互交融，各种思想文化相互激荡的国际环境；面对意识形态领域长期复杂，有时甚至是尖锐的斗争；面对人们社会生活环境的深刻变化和日趋激烈的国际文化竞争，必须坚持吉林省金融先进文化的前进方向，坚持马克思主义对金融文化建设的指导，坚持金融文化为人民服务；为吉林金融服务的宗旨，弘扬主旋律，提倡多样化。我们必须始终坚持党对金融文化工作的领导，大力发展先进金融文化，支持健康有益文化，努力改造落后的金融文化，坚决抵制腐朽价值观，正确处理金融文化产品的意识形态属性和商品属性的关系；正确处理社会效益和经济效益的关系，坚持把社会效益放在首位。只有牢牢把握吉林省先进金融文化的前进方向，金融文化建设与经济建设、政治建设、社会建设协调发展，才会有真正意义的金融文化繁荣。

第三，从金融文化发展动力看，一方面要坚持以改革为动力，另一方面更加注重以继承、吸收、扬弃为主要的文化发展模式。通过制度创新和制度继承建立遵循社会主义精神文明建设的特点和规律，适应社会主义市场经济体制要求的体制机制，解放和发展金融文化生产力。坚持解放思想，实事求是，与时俱进的思想路线，坚定不移地走改革开放之路，是我们党领导建设中国特色社会主义事业不断取得成功的保证和根本经验，也是发展吉林省先进金融文化的必然选择。通过发展适应社会主义市场经济发展的要求，反映社会主义精神文明建设的特点和规律的金融文化，不断推进金融文化体制的改革和创新，才能解放和发展金融文化生产力，才能使我省金融文化发展在战略机遇期走上繁荣之路。

第四，从金融文化发展思路来看，将协调和共同推进吉林省金融文化事业和吉林省金融文化产品发展作为吉林省金融文化发展的关键思路。金融文化事业与金融文化产业是吉林省金融文化建设中既相互联系又相互区别的两个重要组成部分，是繁荣吉林省金融文化的两部并行的发动机。公益性金融文化事业与经营性金融文化产业两业共同协调发展是党中央繁荣社会主义文化的基本思路；金融文化事业是保障我省金融系统能够正常进行的社会服务支持系统，主要是在政府的主导下，提供金融文化产品和金融文化服务，着重解决仅靠市场机制无法实现的普遍文化服务问题，着重解决仅靠市场机制难以承载的传承文明、引导社会、教育群众的问题。公益性金融文化事业的根本任务是保障公民人人享有公共金融文化服务的权利，普及金融文化知识，传播先进金融文化，提供精神食粮，体现人文关怀，保障具有我省地区特色的金融文化的传承与创新。努力构建覆盖我省全社会范围内的比较完备的公共金融文化服务体系是促进经济、政治、文化和社会协调发展的必要条件。金融文化产业是为满足受众的金融文化消费和审美需求所从事的经营性行业，主要是按照市场要求，按照价值规律和现代社会化大生产的要求，组织金融文化产品的生产经营活动和金融文化服务。经营性金融文化产业的根本任务是繁荣金融文化市场，应对国际文化竞争，满足人民群众多方面、多层次、多样性的精神文化需求。发展公益性金融文化事业，要坚持以政府和金融机构为主导，鼓励社会参与，切实提高服务群众的能力和水平。发展经营性金融文化产业，要充分发挥市场配置资源的基础性作用，坚持以市场为导向，在改革中调动社会力量发展金融文化产业，在市场竞争中发展壮大。金融文化事业和金融文化产业既相互区分又互相促进，二者统一于繁荣吉林省金融先进文化的伟大事业。按照一手抓公益性金融文化事业，一手抓经营性金融文化产业的基本思路来繁荣吉林省金融先进文化，体现了我们党立党为公，执政为民的执政理念，体现了科学发展观和社会主义和谐社会的本质要求，也体现了我们党对于社会主义市场经济条件下金融文化发展特点和规律的高度自觉。

第五，从金融文化发展格局来看，要努力形成有利于吉林省繁荣的金融文化产业格局和金融文化市场格局。建立有利于吉林省金融文化繁荣的金融文化产业格局和金融文化市场格局，必须充分发挥国有资本在金融文化领域的主导作用，调动全社会力量积极参与金融文化建设。要重塑金融文化市场主体，加快推进国有经营性文化单位的转企改制工作，增强微观主体的活力。通过建立现代企业制度，完善法人治理结构，盘活国有文化资源，打造一批有竞争力和影响力的国有或国有控股的金融文化企业和企业集团，使之成为金融文化市场上的主导力量和金融文化产业的战略投资者。坚持以公有制为主体，鼓励和支持非公有资本以多种形式进入政策许可的金融文化产业领域，加强和改进对非公有制金融文化企业的服务和监管。

第六，从金融文化发展目的来看，要坚持以人为本，创造更多更好的精神文化产品，满足人民群众日益增长的精神文化需求，促进人的全面发展，为社会主义现代化建设提供精神动力和智力支持。以人为本是科学发展观的本质要求，金融文化发展的最终目的在于不断满足人民群众日益增长的金融文化需要，提升金融行业相关参与者的行业认同感和提高全省人民的金融文化认知，培育有理想、有道德、有文化、有纪律的吉林省金融从业人员，促进人的全面发展，为社会主义现代化建设提供精神动力、智力支持、道德基础和文化条件。文化不仅有意识形态属性，即引导社会、教育人民的功能，而且还有商品和产业的属性，即在社会主义市场经济条件下仍有经济功能。我们既要重视金融文化的意识形态属性，大力发展先进金融文化，又要正确认识金融文化的产业属性，加快发展金融文化产业和文化经济。无论是发展公益性金融文化事业，还是发展经营性金融文化产业，都要坚持以人为本，把着力点放在丰富人们的精神世界、增强人民的精神力量、满足人民群众的精神文化需求和促进人的全面发展上，最大限度地发挥金融文化引导社会、教育人民，满足精神文化需求，推动经济和社会发展的功能。

4.3 战略目标和任务

战略目标和任务是指战略主体在一个较长时期内关于全局发展的奋斗目标和完成的任务。在吉林省金融文化发展战略规划中，确定吉林省金融文化的战略目标是全部决策活动的核心和重点。发展战略的目标体系一般包括总体目标和具体目标。

吉林省金融文化发展战略的总目标是：建设先进金融文化，建成金融文化强省。在目前的经济社会文化发展情势下，发展先进的金融文化，就是发展适合我国国情和吉林省区域特点的金融文化，就是发展面向现代化金融要求、面向世界、面向未来的科学的可持续的金融文化。建成金融文化强省，就是要提高吉林省金融文化在区域、在国内，乃至世界上的影响力和竞争力，实现吉林省金融文化崛起。

吉林省作为我国著名的农业大省，其经济发展一直在国内处于落后的位置，成为实体经济大省，一时还不大可能，但是成为文化大省，努力实现金融等现代服务业的大力发展，并在此基础上成为金融文化大省还是能够有所作为的。故而作为吉林省金融文化发展战略的一个战略目标，提出我们的目的是建设一个金融文化大省，是适合的，也是完全能够实现的。也应该是吉林省金融事业引以为自豪，和对外宣传的重点，故而应该把更多的力量放到吉林省金融文化建设上来。金融文化是金融业的灵魂，是金融业发展的立命之本，成为金融文化大省，就是要把吉林省的金融产业建设成金融文化事业繁荣、金融文化功能强大、金融对外文化交流密切、金融文化整体实力和国际国内得到显著提升的金融文化强省。由于我省金融文化事业发展水平较低，发展还不平衡；金融文化产业基础还很薄弱，处于起步和探索阶段，我省金融文化的国际国内影响力和金融文化的软实力还很弱，所以建设金融文化强省和金融文化创新强省还是一个任重而道远的工作。

吉林省金融文化发展战略的具体目标是：到2028年，在国家新的文化发展观的指引下，在吉林省委省政府的领导下，在全面建设吉林省金融产业的过程中形成较为完善和比较健全的金融文化创新体系、金融文化服务体系、实施人才兴文战略体系、对外金融文化发展战略体系、金融文化企业社会责任体系五个体系。

4.4 战略原则和方针

战略方针和原则是指导发展战略全局的总纲领、总原则，它主要规定完成战略任务、实现战略目标的基本途径和政策原则。

4.4.1 吉林省金融文化发展的战略原则

吉林省金融文化发展战略的原则包括：金融文化发展与金融业整体发展、实体经济发展、政治发展、社会民生发展相协调的原则；坚持将金融文化的社会效益放在核心位置，实现金融社会效益与经济效益相统一的原则；贴近实际、贴近生活、贴近群众的原则。

第一，金融文化发展与金融业整体发展、实体经济发展、政治发展、社会民生发展相协调的原则。金融文化是一定时期对金融、实体经济、政治和社会所产生的反映，给予金融、实体经济、政治、社会以巨大的反作用。而当今世界，金融业、实体经济、文化与政治之间相互影响，相互交融，使金融文化在吉林省金融业发展的过程中的地位和作用日益凸显。金融文化的力量，时时刻刻反映在吉林省金融业的生命力、创造力、凝聚力之中。经济是社会发展的基础，社会发展的根本落脚点是生产力的可持续发展，而金融文化的发展必然会受到经济、政治、社会、金融业等各个部分的制约。然而，在吉林省金融发展的过程中，金融的发展离不开金融文化的支撑，无论是金融业内的竞争，还是更加广泛的经济、社会、政治竞争归根结底都是文化的竞争，是人才的竞争。只有搞好金融文化建设，不断提高金融从业人员的素质，金融、实体经济、社会、政治的发展才有后劲。故而金融文化的发展必然成为吉林省金融发展的重要组成部分。吉林省金融文化发展战略的制定必须坚持金融文化发展与金融业整体发展、实体经济发展、政治发展、社会民生发展相协调的原则，这是吉林省金融业发展和提升吉林省经济发展水平的根本需要，也是金融文化作为一种特殊文化形式，其自身发展规律的重要体现。

第二，坚持将金融文化的社会效益放在核心位置，实现金融社会效益与经济效益相统一的原则。在建设吉林省金融文化的过程中，要正确处理好金融文化意识形态与金融产品之间的关系、金融文化的社会效益和经济效益之间的关系，任何时候都要把社会效益放在金融文化建设的核心位置，使社会效益成为金融文化发展过程中一切相关活动的唯一准则，也应成为吉林省金融从业企业和个人行为和思考的最高准则。随着吉林省金融业发展水平的不断提升、金融文化的发展规律与金融市场的建设的发展规律联系的日益紧密，确实能够显著地提升经济效益。金融行业的经济效益越是出色，越是有助于金融文化的发展。同时还应该注意到金融文化所形成的无形或有形的产品，与传统的物质产品本身具有很大的不同，它的价值实现形式更重要的体现在了社会效益上，而这类金融文化产品，所产生的直接效益可能不大，但是对推动吉林省金融业发展，甚至推动吉林省经济与社会各方面的发展都会起到难以估量的作用。故而，我们在进行金融文化发展的建设中，要始终把社会效益作为最高准则，当经济效益同社会效益发生矛盾时，自觉服从社会效益。而金融文化产品的属性决定了金融文化产品与其他物质产品一样，也会受到市场规律的制约和影响，我们要力求以最少的投入获得最大的产出，尽可能使经济效益最大化。金融文化的意识形态属性，要求它的价值实现形式更重要地表现在社会效益上；要求它对社会产生积极的、进步的、良好的影响和效果，能够引导人们陶冶高尚情操、完善道德修养、提高精神境界、激起对真善美的向往和追求。这是金融文化产品作为金融行业所普遍认同的精神文化产品所应具备的本质特征。这要求在当前吉林省金融发展的大环境下，金融文化的意识形态属性和产业属性必须是紧密相连的。不讲金融文化的投入产出、不谈金融文化对金融业发展所带来的物质收益，金融文化建设就无法维持再生产，金融文化本身所具备的意识形态功能就无法得以有效的发挥。反之，不顾金融文化的意识形态属性、不讲金融文化所产生社会效益，金融也会成为只顾赚钱和利润的工具，从而造成人们的拜金主义和意志消沉，甚至毒害人们的灵魂，让人唯利是图，进而堕落，那么这样的金融文化建设就会走入歧途。正是由于金融文化产品所具有的这一本质属性，其既有一般物质产品的属性，又有一般物质产品所不具备的特殊性，故而要求金融文化必须把社会效益放在首位，并作为最高准则。

第三，贴近实际、贴近生活、贴近群众的原则。所谓贴近实际，就是金融文化的发展要以吉林省的省情和我国的国情为发展前提，在金融文化的发展过程中，坚持解放思想、实事求是、与时俱进，紧跟时代步伐，适应现阶段经济、政治、文化发展的实际情况和要求；适应不断发展变化的客观现实，真实反映吉林省金融改革所处的客观实践。把回答和解决金融文化建设实践中提出的重大课题作为中心任务，使金融文化的建设工作更好的体现时代性、把握规律性、富有创造性。贴近生活，就是金融文化的建设要深入金融业的日常现实工作和生活之中，深入到金融业所涉及的社会、政治、文化生活和人们的日常生活之中去，反映金融业发展的客观现实状况，把握社会发展对于金融文化发展的客观要求，解决金融文化建设中出现的具体矛盾，更好地使金融融入到生活、服务生活、引导生活中来，使金融文化的建设工作充满生活色彩、富于生活气息、反映生活本质。贴近群众，就是金融文化的建设工作要始终扎根于金融业务的发展基础——群众身上，通过金融文化的建设为群众获得便利的金融服务，满足群众的金融业务需求。贴近现实、贴近生活、贴近群众的原则，将吉林省金融文化的建设工作与时代责任融为一体，既体现了吉林省在金融文化发展中，构建稳定和谐的金融社会的本质需求，也反映了在新形势、新世纪、新阶段情况下对于吉林省金融文化发展战略问题的规律性认识，是推进吉林省金融文化发展战略建设所必须长期坚持的工作原则。金融文化发展的战略机遇期对于吉林省来说是一个大变革、大发展的时期，也是一个新情况、新问题不断涌现的时期，各种思想文化相互激荡，金融从业人员的思想日趋活跃，对金融文化的需求迅速增长，呈现多元、多样、多变的特征。在金融文化的建设过程中，只有坚持贴近现实、贴近生活、贴近群众的原则，才能抓住机遇，迎接挑战，进一步巩固吉林省金融文化建设中已经获得成果，在多元的思想竞争中求主导、在多样中求主体、在多选择中争主流，才能不断增强针对性、实效性和吸引力、感染力。

4.4.2 吉林省金融文化发展的战略方针

吉林省金融文化发展的战略方针是指带有战略性、指导性和原则性的金融文化方针。主要有以下几种。

第一，金融文化“为人民服务、为社会主义服务、为吉林省金融服务”的方针。吉林省的金融文化的客观现实是社会主义市场经济条件下的金融文化，而社会主义文化事业是人民群众的事业，这一性质决定了吉林省的金融文化建设必须而且应当为人民服务、为社会主义服务。同时金融文化的建立必须根植于吉林省金融业本身，故而吉林省金融文化必须且应当为吉林省金融服务。在构建吉林省金融文化，推进吉林省金融事业大发展的关键时期，金融文化为人民服务是指为一切参与金融业务的利益相关者服务；是为一切参与金融事业发展的人民服务。金融文化为社会主义服务是指金融文化为我国当前的社会主义经济、政治和社会等各项事业的根本需要服务。在吉林省金融文化发展战略的机遇期，就是全面为全体金融利益相关者和社会主义金融体系建设服务。为社会主义服务，着重强调的是金融文化同社会主义制度的关系，在服务内容上揭示的是目前吉林省金融文化工作的社会性质。为人民服务、为吉林省金融服务是对金融文化服务对象的表述，强调的是金融文化与人民和金融业的关系，从服务对象上规定了吉林省金融文化建设的根本方向。

第二，“百花齐放、百家争鸣”方针。“百花齐放、百家争鸣”作为党和国家发展和繁荣科学文化的完整方针，是毛泽东在1956年明确提出来的。十一届三中全会以后，邓小平同志多次强调：“‘双百’方针不能变，‘双百’方针不能丢。”1979年3月邓小平同志在《坚持四项基本原则》的讲话中指出：“无论如何，思想理论问题的研究和讨论，一定要坚决执行百花齐放、百家争鸣的方针，一定要坚决执行不抓辫子、不戴帽子、不打棍子的‘三不主义’方针，一定要坚决执行解放思想、破除迷信、一切从实际出发的方针。”1980年1月，中共中央在《关于认真学习贯彻第四次全国文代会精神的通知》中明确指出，文艺工作要坚定不移地贯彻“百花齐放、百家争鸣”的方针，发扬艺术民主，坚持“三不主义”，切实保证人民群众有进行文艺创作和文艺批评的自由。1981年，邓小平同志在《关于思想战线上的问题的谈话》中强调指出：“我们坚持实行‘百花齐放、百争争鸣’的方针，坚持正确处理人民内部矛盾，这是不会变的”。从此以后，“百花齐放、百家争鸣”作为我国社会主义思想文化建设的基本方针又重新确立了下来。作为吉林省金融文化建设的重要指导方针，“双百”方针同样具有强大的生命力和指引力，它反映了吉林省金融文化建设过程中在思想创新上的根本要求，激发了广大金融事业参与者的思想迸发的热情和积极参与吉林省金融事业的积极性，推动了吉林省金融文化和金融思想的创新。“双百”方针符合吉林省金融文化和金融事业发展的内在要求，为吉林省金融事业的发展创造了开放民主的发展环境，“双百”方针解决了发展吉林省金融文化的文化单一问题和在金融文化建设过程中的学风问题。

第三，“古为今用、洋为中用、推陈出新”的方针。“古为今用、洋为中用、推陈出新”，这一方针是建设吉林省金融文化的过程中应秉承的基本原则。这要求我们在建设吉林省金融文化的过程中要批判地继承、吸收和借鉴古今中外的金融文化研究的成果观点，应该以辩证唯物的视角科学地对待我国和我省的传统金融文化和外来金融文化。用科学的态度来对待吉林省目前已经形成的金融文化和外来金融文化所给吉林省金融发展带来的启示，要认真研究和借鉴世界各国金融文化的优秀成果，善于从其他国家和民族的金融文化中汲取营养，发展自己。通过继承、借鉴，使吉林省金融文化与外来金融文化的精华在长期的金融文化建设过程中有机地结合在一起，并在未来吉林省金融文化进一步的创新过程中进一步创新，建设成为具有吉林省区域特色的金融文化。发展吉林省金融文化必须继承和发扬一切优秀的文化，必须充分体现时代精神和创造精神，必须具有世界眼光，增强吉林省金融文化的感召力和影响力，结合人民群众对金融事业的需求，积极进行金融文化创新，努力繁荣先进金融文化，一切有利于加强吉林省金融文化建设的有益经验，一切有利于提高吉林省金融文化发展的文化成果，一切有利于发展吉林省金融文化事业和金融文化产业的管理方式，都要积极借鉴。

4.5 战略步骤和重点

4.5.1 吉林省金融文化发展的战略步骤

战略步骤是指为达到一定的战略目标而采取的有计划的行动次

序。对吉林省金融文化发展而言，通过借鉴我国关于文化建设的各项成果，确定吉林省金融文化建设“五年发展规划”，从而确立吉林省金融文化发展的阶段性目标和任务，通过三个“五年规划”来梯次实现吉林省金融文化发展战略的战略目标和战略任务，这是比较现实和可行的。也就是，通过三个五年的努力，到2028年基本实现与吉林省经济发展相匹配的和具有国际国内影响力的金融文化强省，初步实现吉林省金融文化的文化崛起。在这三个“五年规划”中应对吉林省金融文化发展面临的机遇和挑战进行科学分析，对过去金融文化所取得的成绩和存在的问题进行总结，对金融文化发展的指导思想、方针原则、发展目标和主要任务进行阐述，对金融文化的发展的基本思路、战略布局、发展重点和保障措施进行部署，使之成为吉林省金融文化以五年为时间段的金融文化发展战略规划。目前吉林省已经进入建立东北区域金融中心和全面建设小康社会的关键时刻，未来十几年可以说是吉林省金融文化发展的重要阶段，是繁荣和发展具有吉林省地方特色的金融文化的重要战略机遇期。这个时期的金融文化战略目标和战略任务的实现必然要经过三个金融文化发展的五年规划来实现。

4.5.2 吉林省金融文化发展的战略重点

战略重点是指为实现战略目标所需解决的主要矛盾或主要问题，是对于实现战略目标具有关键意义的重点领域或重点项目。吉林省金融当前和今后一个时期文化发展的重点主要有以下几个方面。

第一，创新金融文化体制。金融文化的体制和机制创新是金融文化创新的中心环节，也是促进金融文化长期繁荣的制度保障。吉林省现行的金融文化体制是长期计划经济体制下形成的，改革开放以来我国及我省经济领域的改革促进了金融文化的发展。但是，从总体上看，现行的金融文化的体制和机制，不适应吉林省当前金融市场的发展，不适应人民群众日益增长的金融文化产品需求，也不适应金融业自身发展的要求。改革金融文化管理体制，推进吉林省金融文化体制和机制创新，进一步解放和发展金融文化生产力，应成为吉林省金融文化发展战略的一个重点。

第二，提升金融文化服务水平。人是社会金融活动的主体，金融文化发展是人在社会金融发展方面发展的必然要求。让金融文化发展的成果惠及全体人民，这是吉林省金融发展总体方针构建和谐金融体系的具体表现。金融文化事业是吉林省经济发展的重要组成部分，是为公民提供金融文化产品和服务，保障广大公民平等享有金融文化权利的重要体现。公民有享受金融文化服务和金融文化进步成果的权利，有参与金融文化生活和金融文化创意的权利，有接受金融文化教育和金融文化培训的权利。因此，构建结构合理、发展平衡、网络健全、运营高效、服务优质的覆盖全省范围的金融文化服务体系是吉林省金融文化发展战略的又一项重点。

第三，大力发展金融文化产业。金融文化产业一直被认为是金融业发展的附属产品，但是值得注意的是，这一产业随着金融业的发展正在逐步成为一个值得关注的新兴产业，是金融文化与经济一体化发展的直接产物。发展金融文化产业是金融业在市场经济条件下解放和发展文化生产力的重要载体，是满足人民群众金融文化需求的重要途径，是促进我国经济结构调整和产业结构升级的重要步骤。我省的金融文化产业与国外国内其他省份的金融文化产业相比，在金融文化产业规模和金融文化产品质量等方面还存在着较大的差距，金融文化产业的发展滞后于金融业和社会物质生活水平。加快发展重点金融文化产业，充分发挥高新科技对金融文化产业的拉动作用，培育新型文化——金融主体关系，使金融文化产业成为吉林省金融文化建设新的经济增长点，实现吉林省由金融文化资源大省到金融文化产业强省的转变。因此，金融文化产业是吉林省金融文化发展总体布局中应予以重点关注的领域。

第四，加强对外金融文化交流。金融文化交流是沟通各国及国内其他地区金融从业者心灵的桥梁，也是展示吉林省金融形象的重要途径。进入 21 世纪，金融文化因素在经济发展中的地位日趋突出，利用金融文化交流来提高本地区国际国内地位和影响力日益成为各省份金融建设的重要战略抉择。新时期的对外金融文化交流活动一般包括对外金融文化宣传、金融文化外交和对外金融文化贸易等内容。加强对外金融文化工作是吉林省金融文化面向世界、走向世界的重要组成部分，是提升吉林省金融文化软实力的重要途径。对外金融文化交流涉及维护吉林省金融文化安全和吉林省金融文化走向世界两个方面。构建吉林省金融文化安全体系和提高吉林省金融文化走向世界的能力是一项紧迫的战略任务，是构建吉林省金融文化发展战略必须认真考虑的重点内容。

第五，努力培养金融文化人才。人才是先进金融文化的创造者和传播者，人才资源是金融文化发展的第一资源。“人才兴文”战略是人才强省的根本战略之一，应成为新时期吉林省金融文化发展战略的一个重点。金融文化经营管理人才、金融文化专业策划人才、金融文化行政人才，是金融文化人才的主体。目前吉林省金融文化人才无论是整体素质，还是规模数量与发达国家和我国发达省份相比都不占优势，金融文化人才的培养机制、用人机制、激励机制、考核机制还有待完善，优秀人才脱颖而出的社会环境还有待形成。建设一支规模宏大，素质较高的金融文化工作者队伍已成为吉林省金融文化战略能否最终得以顺利实施的关键因素。

4.6 总体战略实现路径

在新的文化发展观的指引下，吉林省金融文化发展战略规划，在思想上进行了提高，在目标和任务、原则和方针、步骤和重点上进行了明确，这反映了我省金融文化建设要面临的挑战和难点。下一步，我们要面临如何用吉林省金融文化发展战略的内容来指导实践，如何实现吉林省金融文化发展的路径选择问题。

4.6.1 立足吉林省金融实践，传承和吸收先进金融文化

金融文化不能脱离国家、民族、传统文化和金融业本身而单独存在，也就是说，金融文化虽然来自于社会对于金融的实践，这是金融文化的大众化属性，但文化离不开传统、离不开社会、离不开国家、离不开对其他先进金融文化的吸收和继承，这是金融文化的时代化属性。吉林省金融文化发展战略思想其思想来源虽然根植于马克思主义思想，但一直成长在吉林省的土壤上。这是吉林省金融文化所深深扎根的土地，所以具有非常明显的吉林省地方区域特征。因此，立足吉林省金融实践，传承和吸收先进金融文化，是吉林省金融文化发展战略思想新局面的发展要求。

吉林省的金融实践从 1949 年新中国成立以来，走过了两个三十年，1949—1978 年，从新中国成立至中共中央十一届三中全会的召开为第一个三十年；1979 年至今，是改革开放的三十年。两个三十年，我省的金融文化发展经历了从批判到禁止再到开新的历程。第一个三十年，在“破”字当头的思想方针政策下，对我省的金融体系的批判和破坏出现过“左”的征兆，“文化大革命”更是将我国和我省本就薄弱的金融体系建设推至悬崖绝境，更不用说在此基础上的金融文化

建设了。第二个三十年，逐步摆脱左倾路线的错误方向，我省金融体系逐渐完善和建立，金融文化对金融体系的价值继续得到肯定，并且通过不懈的教育和培养，涌现了大量的金融专业人才，对我省金融业的大力发展和金融体系的完善做出了重要的贡献，也为金融文化的实践提供了平台和空间，不断推进了吉林省金融文化的建设，提升了我省金融文化竞争力，也为我国和我省在金融文化国际关系中赢得更多的话语权提供了有力的支撑。

发展吉林省金融文化，一方面要立足吉林省金融实践，另一方面更要对先进的金融文化进行传承和吸收。世界各地和本国其他地区的优秀的金融文化成果是全世界金融业共同的精神财富。发展吉林省金融文化最关键的就是不能敝帚自珍和闭门造车，必须加强对外金融文化交流，吸收各国和各地区优秀的金融文化成果，提高我省金融文化国际影响力。要广泛吸纳和融汇世界一切优秀的金融文化成果，就必须要求吉林省金融从业人员用更为开放的胸襟、兼容的态度和科学的精神对待外来金融文化，充分吸收和借鉴全人类创造的一切文化成果，这也是在新文化发展观阶段下，实现吉林省金融文化新阶段发展新局面的重要路径之一。广泛吸纳和融汇世界一切优秀的金融文化成果，是为了更好地丰富发展我们自己的金融文化。毛泽东讲过：“对待外来文化，应当以中国的实际需要为基础，如同我们对待食物一样，必须经过自己的口腔咀嚼和肠胃运动。如果生吞活剥、囫囵吞枣，必然导致消化不良。”因此，我们要吸纳和融汇世界一切优秀的金融文化成果，必须结合我国和我省中国特色社会主义的经济、政治、文化、社会背景，结合我省金融文化发展业已形成的基础，结合我省金融业的发展现实需要，最终目的是为了解决好吉林省金融文化的实际问题，为我省金融从业人员新的精神文化生活需求服务。但另一方面，我们也要加强文化的安全防范。当今时代，世界不同文化的交流、交融、交锋比以往任何时候都更加频繁。一方面，我省的金融文化发展要广泛吸纳和融汇世界一切优秀的金融文化成果。但另一方面，要与盲目崇外、照抄照搬，甚至“全盘西化”区分开，特别是对于西方某些国家打着文化开放的名义，对我国进行思想文化渗透的行为，我们更要提高警惕，坚决反对。

4.6.2 创新文化“走出去”模式，增强吉林省金融文化国际竞争力和影响力

创新文化“走出去”模式，关键是改进对外金融文化传播方式，要学会“吉林元素、国际表达”。我们要传播的不仅是吉林金融文化所特有的意识形态和发展模式，而是通过传播吉林金融文化，使我们的文化能够真正引起国际的认同。创新文化“走出去”模式，有以下几种思考：首先是制定我省金融业对外文化发展战略思想，提升我省金融业文化竞争力和影响力。要利用创新文化“走出去”模式，提升我省金融文化国际竞争力和影响力，不仅要靠政府大力推动，更重要的是要靠吉林省金融机构整体对外金融文化战略的支撑。当前，吉林省的金融文化建设落后于经济发展，我省的金融文化崛起滞后于我省金融业的崛起。因此，推动吉林省金融文化面向世界、走向世界，制定全面而系统的吉林省金融对外文化战略显得尤为迫切。放眼国外，世界上发达国家把文化产业作为国民经济中的战略性支柱产业，大力开拓国际文化市场，增强了本国的文化国力和世界影响力，取得了令人瞩目的成绩。因此，制定吉林省金融对外文化战略，通过扩大金融文化领域的交流活动，让世界了解吉林省，让世界了解吉林省金融，并在世界金融文化的领域内，努力倡导吉林省特色的金融文化与建设“和谐世界”的理念，有助于改善我省的国际形象和扩大我省金融文化的世界影响，也有助于世界上更多

的国家对我省金融发展的理解和尊重。其次，有效发挥互联网的作用，采用多渠道实现吉林省金融文化的大发展。创新文化“走出去”模式，提升吉林省金融文化国际竞争力和影响力，应该有效发挥互联网的作用。互联网业已成为信息传播、文化扩散的重要载体，在文化传播中处于特殊地位。互联网的裂变式发展和广泛应用，不仅带来社会生产方式、生活方式的深刻变革，而且极大地改变了文化的生产、传播和消费方式。过去我们谈网络，往往只是把它作为虚拟空间，现在互联网已成为现实社会极其重要的组成部分，大众化、媒体化、现实化趋势越来越明显。目前我国网民已达4.2亿，通过网络了解信息、浏览新闻、学习知识、休闲娱乐，已经成为人们丰富文化生活、满足精神文化需求的重要途径。不仅如此，越来越多的人通过网络参与文化建设，借助博客、播客、维客、微博等方式进行文化交流和创造，广大网民既是网络文化的享受者，又是网络文化的创造者。网络技术在满足人们文化需求、激发人们创造热情的同时，也孕育了具有信息时代特征的文化形态，催生了网络音乐、网络游戏、网络视频、网络文学等新的文化样式，极大地提高了文化产品创作生产的效率，极大地丰富了文化产品和服务的领域、内容。有人预言，今后文化的消费享受、创作生产和交流传播大都要通过网络这个平台来实现。谁在网络文化的发展上抢得先机，谁就能占领文化的制高点。因此，要深刻认识互联网在金融文化传播方面的巨大潜能和可能产生的不可估量的影响，高度重视互联网的运用和管理，把发展积极健康的网络金融文化作为提高我省金融文化软实力的新引擎。与此同时，实施金融文化“走出去”战略，也要顺应网络化信息化时代潮流，抓住难得机遇，努力建设吉林省特色网络金融文化，真正使互联网成为传播吉林省先进金融文化的新阵地、公共文化服务的新平台、人们健康精神文化生活的新空间。故而我省金融文化建设，应在互联网领域需要进一步加大投入，完善扶持相关政策，提升总体传播实力，提高全球核心竞争力，形成与我省金融发展状况相适应的国际金融文化地位。使互联网这个21世纪最具社会影响的科技进步的手段和载体，努力带动吉林省金融文化传播方式的深刻变革。

5 金融文化发展战略的支撑体系

改革开放以来，吉林省的金融事业取得了突出成就：金融业的发展从来没有这么快速；金融法律法规从来没有这么健全；金融业的技术装备水平从来没有这么先进；金融业的业务种类从来没有这么丰富；金融业的对外开放程度从来没有这么高；金融业的管理模式和体制机制从来没有这么先进；金融业的监管和对违法违规行为的处罚也从来没有这么严厉。在取得了成就的同时，我们也看到了信用风险、金融违规等金融问题也日益突出，金融文化作为吉林省金融发展的“心灵鸡汤”日益显得重要。吉林省金融文化发展战略的提出更使这种改善成为可能，但是这种美好的期望仍需吉林省金融业界的所有从业者和研究者用双手去共同创造，用物质基础、管理基础、制度基础和精神基础共同来支撑吉林省金融文化发展战略的顺利实现。

5.1 加强党在金融文化领域的领导

金融文化作为一个国家或一个地区的金融发展与社会进步的精神动力、智力支持和思想保证，越来越具有全局性和战略性。吉林省先进金融文化不仅是促进吉林省金融业发展的推动力量和团结金融业各利益相关者的凝聚力量，而且还是抵御不良金融文化侵蚀，保持金融文化进步的中坚力量。我们党已经深刻认识到金融文化建设在建设符合时代发展需要的金融业和以金融业促进经济、政治和社会协调发展中的重要性和紧迫性，加强了对新时期金融文化建设的组织领导，始终掌握对金融文化发展重大事项的决策权，对重大金融文化资产配置的控制权，对宣传金融文化业务的审核权，对金融文化部门主要领导干部的任免权。中国共产党是社会主义建设和我国金融体系建设的执政党。一个政党能否牢牢掌好权、执好政，不仅取决于它所掌握的政治资源、经济资源和军事资源，也取决于它所掌握的精神文化资源。能否掌握建设社会主义先进文化的领导权，能否掌握文化发展道路的主动权，关系到人心向背，关系到包裹金融文化在内的文化事业的健康发展，关系到我国金融业文化发展的长治久安。党的十六届四中全会，把提高建设社会主义先进文化能力，作为加强党的执政能力建设的五大任务之一，表明我们党对执政规律的认识达到了一个新的高度，也充分表达了党中央对宣传文化工作的高度重视。一般而言，党对包括金融文化在内的文化事业的领导是一种宏观、间接的领导，是把握文化建设方向和推动文化创新的关键力量。制定金融文化建设和发展的方针、政策，是党管理金融文化的主要手段；领导并通过立法机关制定与金融文化相关的法律和法规，是党管理金融文化的基本方式；改革金融文化体制和制定金融文化发展战略，是党领导金融文化建设的一项重要任务。日益复杂变化的国内外形势要求我党进一步提高对金融文化的战略地位和作用的认识，进一步提高党的金融文化整合能力，进一步提高建设具有吉林省区域金融特色的先进文化的本领。

5.1.1 坚持以党的思想指导金融文化发展

提高建设吉林省地区特色的先进金融文化的能力，关键在于把握好先进金融文化的前进方向。坚持什么样的金融文化方向，推动建设什么样的金融文化，是一个政党思想上的一面旗帜，关系着一个政党和国家在金融管理上的兴衰成败。牢牢把握先进金融文化的前进方向，一是坚持以马克思主义、毛泽东思想、邓小平理论、“三个代表”和科学发展观为指导，巩固马克思主义在意识形态的指导地位，巩固全党全国人民团结奋斗的共同思想基础。二是牢牢把握金融文化在社会舆论的正确导向，掌握舆论工作的主动权。舆论导向正确，是党和人民之福；舆论导向错误，是党和人民之祸。要坚持党管舆论的原则，下大力气提高主流媒体的吸引力和公信力。在社会舆论呈现快捷性、多元性、敏感性的新形势下，要坚持以社会效益优先和正面宣传为主的原则，积极引导社会重点问题和热点问题，在吉林省金融行业内外形成积极、健康、向上的主流舆论。三是加强理想信念教育，弘扬以爱国主义为核心的民族精神和以改革创新为核心的时代精神，不断增强行业员工自信心、自豪感和凝聚力、创造力。弘扬集体主义、社会主义思想，使全体吉林省金融参与者始终保持昂扬向上的精神状态。

5.1.2 探索金融文化发展规律，提升金融文化建设能力

提高建设吉林省区域特色的先进金融文化的能力，必然要求认真研究和尊重金融文化发展的规律。文化遵循以下规律：一是文化与经济基础即生产方式相适应的规律；二是文化自身的积累和进步、继承和发展的规律；三是不同形态文化交流的规律；四是文化生产和再生产与物质生产和再生产相互作用的规律。在建设吉林省区域特色的金融文化过程中，进行金融文化建设既要符合吉林省金融业精神文明建设的特点和规律，又要适应吉林省金融业行业发展的要求；既要发扬地区即溶文化的优秀传统，又要着眼于世界金融文化发展的前沿，吸收世界文明成果；既要立足于改革开放和现代化建设的实践，又要在内容、形式、载体、传播方式等方面实现金融文化的超越与发展，不断增加具有吉林省特色的金融文化的吸引力和感召力。

5.1.3 深化金融文化体制改革，解放金融文化生产力

经济生产力的发展离不开经济体制改革，金融文化生产力的发展同样离不开金融文化体制改革。只有大力推进金融文化体制改革，破除影响先进金融文化体制发展的弊端，才能不断解放和发展金融文化生产力，不断增强金融文化的发展活力、总体实力和国际竞争力，不断推动金融文化创新和金融文化崛起。不断推进金融文化体制改革是实现金融文化发展战略目标的必由之路。深化金融文化体制改革，是在科学判断国际国内形势，全面把握当今世界金融文化发展趋势，深刻分析我国基本国情、吉林省省情和战略任务的基础上，继经济体制改革、政治体制改革、教育体制改革、科技体制改革、卫生体制改革之后做出的又一项关系全局的重大决策。在战略机遇期，金融文化体制改革担负着三大任务。改革与先进的金融文化生产力发展要求不相适应的、落后的金融文化生产关系，建立富有活力的吉林省金融文化发展体制；解放和发展金融领域的文化生产力，推动金融文化自身发展，解决落后的金融文化生产力与人民群众日益增长的精神文化需求不相适应之间的矛盾；通过金融文化创新和体制改革，进一步增强吉林省金融的文化软实力，进一步提升金融文化事业和金融文化产业的国际影响力、竞争力和贡献力。金融文化体制改革是金融文化发展战略的重要组成部分，是实现金融文化发展战略目标的基本途径，金融文化体制改革进展顺利与否决定金融文化发展战略目标的实现程度。金融文化体制改革与金融文化发展战略的相关性体现在指导思想、原则要求和目标任务具有宏观一致性上。从指导思想上看，金融文化体制改革与金融文化发展战略都是以坚持邓小平理论和“三个代表”重要思想为指导，以科学发展观为统领，紧紧围绕构建吉林省金融文化发展体系为目标，树立新的金融文化发展观，牢牢把握吉林省先进金

融文化的前进方向。从方针原则上看，都坚持为人民服务、为社会主义服务的方向和百花齐放、百家争鸣的方针；坚持贴近实际、贴近生活、贴近群众的原则，弘扬主旋律，提倡多样化：坚持以科学的理论武装人、以正确的舆论引导人、以高尚的精神塑造人、以优秀的作品鼓舞人，促进人的全面发展；坚持把社会效益放在首位，实现文化效益、社会效益和经济效益的统一，最大限度地发挥金融文化引导社会、教育人民、推动发展的功能。从目标任务上看，终极目标都是更好地保障和满足人民群众的基本金融文化需求，努力培育有理想、有道德、有文化、有纪律的吉林省金融从业者，促进人的全面发展和社会全面进步，为经济发展、政治稳定和社会进步提供强有力的思想保证、精神动力和智力支持。从具体目标来看，二者也多有交叉。金融文化体制改革的任务是形成四个体系、两个体制机制、两个格局。四个体系是：形成覆盖全省范围的金融文化服务体系，形成统一、开放、竞争、有序的金融文化市场体系，形成完善的金融文化创新体系，形成完善的金融文化法律法规体系；两个体制机制是：形成科学有效的金融宏观文化管理体制，形成富有效率的金融文化生产和服务的微观运行机制；两个格局是：形成以政府金融管理部门为主导，金融机构为辅的金融文化产业格局，形成以吉林区域金融文化为主体、吸收外来有益文化，推动吉林省金融文化走向世界的文化开放格局。

5.1.4 维护金融文化安全，提升对外金融文化交流能力

提高建设吉林省具有区域特色的先进金融文化的能力，必然要求不断提高维护金融文化安全和对外金融文化交流的能力。进入文化经济时代，科学技术尤其是网络技术飞速发展，维护政治稳定、净化文化信息、规范文化市场、保护知识产权和历史文化资源等金融文化安

全问题日益受到重视。抵御强势文化的冲击，必须坚持马克思主义在意识形态的主导地位，保卫我省金融文化的独立性、金融文化利益和维护金融文化尊严不被国内外敌对势力所干扰、侵蚀和破坏。与此同时，还要提高新形势下我省金融文化交流的能力，推动吉林省金融文化走向世界，加强金融文化对外开放管理工作的本领和水平。在对外金融文化交流中，要坚持以我为主，为我所用和抵制腐朽文化的原则，利用国内国际两个市场和两种资源，博采众长，吸收和借鉴人类社会创造的一切优秀成果，向世界展示吉林省金融文化建设的成就，努力在世界各种思想文化的相互激荡中更好地发挥我们自己的优势，提高我省在国际金融文化市场竞争中的地位。

5.2 建立协调统一的金融文化战略动员机制

所谓战略动员，就是指国家或地区的决策机关为实施某项整体战略而向全国或所在地区所发出的战略号召及宣传、鼓动工作，以激发人民的积极性、主动性和创造性，为实现战略目标和完成战略任务而共同努力。实施新时期吉林省金融文化发展战略，需要政府作为战略的主导者发动全社会的力量，调动全地区各方面的积极性。各级金融文化主管部门和金融机构要加强组织协调，完善政策措施。各地区要结合实际情况，制定切实可行的金融文化发展战略。金融文化企事业单位和金融机构的金融文化部门要发挥主力军的作用，为繁荣金融文化事业和发展金融文化产业做出自己的贡献。

5.2.1 充分发挥政府对金融文化的宏观调控能力

政府是金融文化事业的管理者和政策制定者。一般而言，政府及其文化行政部门根据国家权力机关制定的法律及其赋予的行政权来制定文化管理规章和政策，具体引导、规范全体公民和所有社会组织的文化行为，处理和解决社会文化生活中和国家文化管理事务中经常发生的文化矛盾，以确保国家文化意志在文化事业中的切实执行和国家文化事业的顺利发展，维护人民的合法文化权益和社会正常的文化秩序。政府对金融文化发展战略的实施主要是把金融文化建设列入经济社会发展总体规划和金融业发展规划之中，履行政策调节、市场监管、社会管理和公共服务职能，指导金融文化事业和金融文化产业发展，审核金融文化领域重大工程建设，安排政府投资和财政支出预算，规范行政执法。各级政府应当把金融文化建设列入重要议事日程，建立工作责任制，转变工作作风，提高服务水平，实现从计划经济管理向市场经济管理，从“办文化”向“管文化”，从以审批为主管理向以服务为主管理，从管理政府金融文化单位向管理整个金融文化行业，从以行政手段为主向综合运用法律、经济、行政等手段管理的转变。实现政企分开、政事分开、政资分开、管办分离，建立符合现代行政制度和现代市场经济要求的新型政企关系。

5.2.2 地方政府与金融文化机构合作形成发展合力

文化发展战略是一项实践性很强的系统工程，需要各级地方政府和金融文化管理部门密切合作、齐心协力、狠抓落实。各地地方政府要把金融文化建设纳入当地金融经济发展与改革的总体规划，把实施金融文化发展战略作为评价地区金融发展水平、衡量金融发展质量和领导干部工作实绩的重要内容。各级金融文化部门要从实际出发，因地制宜，充分考虑到地区之间的金融文化差异和经济不平衡性，结合“文化大省”“文化强省”“文化城市”等建设，制定和实施吉林省金融总体文化发展战略指导下的区域金融文化发展战略。

5.2.3 集中全省力量打造金融文化品牌

企业核心竞争力来自于品牌文化，企业文化一旦形成鲜明的自身特色，就会转化为独特的文化品牌，外界能据此明确感知到该企业的专有性。金融企业为了赢得竞争，必须加强产品竞争、促销竞争，打造特色品牌。一方面要实施服务战略，集中展示其文化底蕴和魅力；另一方面要坚持从企业形象层面推进品牌战略，善于利用这一最直观明显的表现形式，展现竞争力。如为企业量身订制形象方案，从主商标、产品广告、服务网络以及窗口员工形象等多方面入手，建立统一规范的标准，结合自身特色，体现时代因素。

打造金融文化品牌的另外一个侧重点是金融文化的建设应“以人为本”。首先要以客户为中心。树立以客户为核心的价值观和管理、经营理念，尊重金融消费者的需求，按照需求开发设计产品和服务，并按需求改良产品，一切以提高金融消费者满意度为根本出发点。其次要以员工为主体。在文化建设的过程中要尊重员工的需求，不仅要在人才培养上下功夫，还要为员工提供合适的岗位和学习机会，深入分析本单位员工面临的精神困境，促进员工对文化内涵的吸收，培育员工高度的责任感和使命感。

5.2.4 形成全省全社会共建金融文化的气氛

推进金融文化建设和实施金融文化发展战略，需要全省各方面的共同努力，需要全社会的共同参与。在实现吉林省金融文化发展战略目标的过程中，不仅需要党的领导、各级地方政府组织实施和文化行政主管部门的具体落实；而且也需要发挥金融文化事业单位和金融文化企业单位的主力军作用，需要文化中介机构、人民团体、金融文化行业协会和群众文化组织在联系群众、组织群众、推动金融文化建设方面的重要作用。要面向社会和群众宣传金融文化发展战略的内容和有关方针政策，充分调动广大金融文化工作者和广大人民群众的积极性、主动性和创造性，把人民群众的智慧和力量引导到实施金融文化发展战略的行动中来，在全社会形成人人关心金融文化建设，人人从金融文化发展中受益的良好氛围。

5.3 完善金融文化法制建设

金融文化法制建设是实施金融文化发展战略的制度保障。金融文化法制建设是依法治国方针在金融文化建设领域的具体体现，是市场经济条件下金融文化健康有序发展的内在要求，是党和政府对金融文化进行宏观管理的基本方法。金融文化法规的制定，对于改善金融文化产业投资环境，加强金融文化市场管理，满足多样化、个性化的金融文化消费，保障公民基本金融文化权益，促进吉林省金融文化影响力的提高具有重要作用。

金融文化立法可以分为三类：一类为金融文化事务法，其目的是确定国家和地区在发展金融文化事业方面的责任，并为社会提供参与金融文化事务所需要的条件和环境，包括各种优惠政策和法律保障等。一类为金融文化管理法，其目的是确定政府及金融主管机构行使金融文化管理职能的权力和责任，规范金融文化行政行为，如登记、审查、处罚等行为。一类为行为法，其目的是确定金融文化生产和消费的基本经济关系。

新中国成立以来，我国的文化立法工作从无到有，从封闭到开放，经历了一个曲折的历史发展过程。改革开放以来，我国文化建设事业的蓬勃发展，文化立法的步伐明显加快，立法质量也有所提高，文化立法工作初见成效，文化建设逐步走上了有法可依、有章可循的轨道。

虽然我国的文化法制建设取得了一些成绩，但总体说来，我国的金融文化立法还处于初级阶段，金融文化法制建设明显落后于金融文化发展进程和实际需要，明显滞后于经济领域的法制建设的步伐。金融文化法律法规尚未形成一个完善的体系，现有的金融文化法规的数量和层次与依法治国、建设社会主义法治国家的目标还有不小的差距，还不能满足加入世贸组织后金融文化快速发展的需要，我国金融文化立法工作仍存在一些不足和缺点。具体表现在：一是金融文化法律法规不完善，不健全，金融文化立法在某些领域仍存在空白和无法可依的现象。二是立法层次偏低，与金融文化事业和金融文化产业直接相关的诸多法律还未制定，仍停留在行政法规或者部门规章的层次。三是金融文化法制建设中高素质人才队伍缺乏，金融文化立法的质量有待进一步提高，一些金融文化行政立法还存在应急立法、经验立法、不合理重复立法的现象，给实际操作造成困难。四是由于部门利益的原因，有些金融文化法律法规相互抵触，政出多门，缺乏必要的衔接性、协调性和系统性。

要加快金融文化立法和完善金融文化经济政策的步伐，为全面繁荣吉林省金融文化事业和大力发展金融文化产业保驾护航。加强金融文化立法，通过法定程序将党和政府金融文化政策逐步上升为法律法规的任务和要求。这是党为推进新时期我国金融文化建设做出的重要举措，不仅为加强金融文化法制建设提供了重要的政策依据，也为进一步推进我国的金融文化立法工作指明了方向。在战略机遇期，要按照依法治国的基本方略和社会主义法制建设的总体要求，根据金融文化发展的需要，坚持重点突破、统筹兼顾、先易后难、整体推进的原则，抓紧研究制定有关促进金融文化事业和金融文化产业的有关法律法规以及支持金融文化发展的经济政策，努力形成与吉林省金融业发展相适应的金融文化法规和政策体系。

第一，要加快制定基本金融文化法律，健全以基本金融文化法律和行政法规为主干，以地方性法规和部门规章为必要补充的金融文化法规体系。随着金融文化建设的迅速发展，缺乏在金融文化领域内起统帅作用的基本金融文化法律是我国和我省金融文化法律体系的最薄弱的环节。目前我国金融文化方面的许多法律都属空白，大量存在的是政策性的规范和行政管理措施。因此，只有分阶段、有步骤地加快基本金融文化法律立法，中国特色的金融文化法律体系才能不断完善。与此同时，还要制定与基本金融文化法律相互配套和相互衔接的各种单项法规，促进基本金融文化法律在实践中更好的实施。

第二，要抓紧研究制定和完善支持公益性金融文化事业、发展金融文化产业、激励金融文化创新等方面的金融文化经济政策。金融文化经济政策是我省金融文化政策的重要组成部分，是引导和促进金融文化事业发展的重要保障。所谓金融文化经济政策就是国家（通过政府）制定的利用经济手段引导、促进和保障金融文化事业发展的政策，它包括两个大的方面：一是国家支持和保障金融文化公益事业发展的政策，具体有投入政策、税收优惠政策、差别税率政策、鼓励捐赠政策、专项资金扶持政策、奖励政策等；二是支持促进金融文化产业发展的政策。有市场准入政策、融资政策、税收政策、价格政策、分配政策等。目前我国支持金融文化事业的经济政策正在向加大政府对公益性金融文化事业的投入，引导和鼓励社会力量投资兴办金融文化事业，逐步形成以政府投入为主导、社会及金融机构为补充的多渠道投入的良性机制的方向转变；扶持金融文化产业的经济政策正在向通过适时调整金融文化产业领域的准入、融资、税收等政策，为各类市场主体发展金融文化产业提供公平竞争的制度环境，鼓励具有竞争力的金融文化企业开拓海外市场的方向转变。在金融文化建设的新时期，继续执行实践证明行之有效的金融文化经济政策，制定和完善扶持公益性金融文化事业、发展金融文化产业、激励金融文化创新等方面的金融文化经济政策是扩大金融文化建设规模、优化金融文化结构和增强金融文化实力的助推器。我国的金融文化经济政策与金融文化法律一道将为我国及我省的金融文化建设提供更为完善的制度和政策环境。

5.4 构建金融文化生态系统

金融文化生态系统是从仿生学角度，强调生态学的研究方法和成果来思考和解决金融文化发展问题，进而达到对金融文化本质更深层次的理解和把握。对于金融文化生态系统的理解一般从狭义和广义两个角度来认识，狭义的金融文化生态系统是指金融文化运行的外部环境；而广义的金融文化生态系统既包括金融文化主体又包括金融文化主体赖以生存和发展的外部环境。综上可以将金融文化生态系统概括为：金融文化主体为了生存和发展，在金融文化主体内部以及金融文化主体与其生存环境之间，通过资金媒介和信用链条、通过相互间的分工与合作形成的一个相互依存、相互作用、共同发展的动态平衡系统。

5.4.1 金融文化生态系统的仿生性和特异性

在运用生态学的研究方法和成果来思考和解决金融文化发展问题时，不难发现，金融文化是一个动态平衡的生命系统，它具有许多与自然生态系统相类似的特征，也具有许多异于自然生态体系的特征。

金融文化生态系统的仿生性可以概括为如下几个方面。

第一，金融文化生态系统各构成要素具有相互关联、相互依存性。在自然生态系统中，各生态因子是相互关联的。主要表现在两个方面：

一是在生物群落之间，由于食物链营养关系的存在，彼此间相互依存；二是在生物群落与物理环境之间，由于物质循环和能量流动过程，彼此间相互关联、相互依存。金融文化生态体统也是如此。一方面，在金融文化主体内部，通过资金流通，金融文化产品和服务的生产者和消费者紧密联系在一起；另一方面，在金融文化主体与金融文化生态环境之间，金融文化主体的良性发展不断改善现有的经济、社会、法治和文化等金融运行外部环境，随着外部环境的完善，又不断地激励金融文化主体创造和提供出多元化的金融文化产品与服务，进而使金融文化生态系统各组成部分间的联系更加紧密。

第二，金融文化生态系统具有自我调节功能。在一个自然生态系统中，生物群落与赖以生存的物理环境经过长期的演进，逐渐具备了自我调控功能。这种自我调控功能主要表现在三个方面：一是同种生物种群内部的自我调控；二是异种生物种群之间的调控；三是生物群落与物理环境之间的相互协调。通过这三方面的调控，整个生态系统保持着动态平衡与稳定。与自然生态系统类似，经过长期的发展与演进，金融文化生态系统也逐渐具备自我调节功能。主要表现在两方面：一是在金融文化主体内部，通过金融市场的自我调节机制（如利率、汇率调节机制）和金融文化监管机制（如行业自律约束机制、正规金融文化监管机制），金融文化机构的自我管理水平和抵御金融风险能力得到提高，通过反馈机制，金融文化产品和服务的生产者与消费者之间的供求得到调控；二是在金融文化主体与金融文化生态环境之间，金融文化主体的自我协调与发展推动了金融文化运行外部环境（如经济环境、法制环境、制度和信用文化环境等）的不断完善，而随着外部环境自我调节机能的不断提升又促进了金融文化主体结构和功能的完备，从而整个金融文化生态系统更趋于动态平衡与稳定。但值得注意的是，与自然生态系统类似，金融文化生态系统的自我调节能力是有限的，当外力影响超过一定限度，金融文化生态系统就会遭到破坏。

第三，金融文化生态系统具有演进性。自然生态系统是一个进化的、不断演进的系统。进化指物种的不断变异过程，也就是新物种产生，旧物种灭亡的过程。演进则是针对生物群落，指一个生物群落代替另一个生物群落的变化过程。正是由于生物种群的进化，生物群落的演进，生态系统才能永葆生机，整个自然生态系统才能存在和发展下去。金融生态系统也是如此，它也经历了从简单到复杂，由低级到高级的发展过程。在现有的经济、社会和文化背景下，金融文化主体间不断进行着金融文化活动，进而形成了一个简单而平衡的系统。而随着影响金融文化运行的外界环境的改变，金融文化体系内部矛盾和冲突不断加强，系统的自我调节能力被削弱，系统逐渐失去平衡。为了扭转日益失衡的局面，新的金融文化产品和服务不断地被开发出来，适宜的经济、社会和文化环境不断地被营造出来，从而整个金融系统又趋于平衡并体现更高层次。

金融文化生态系统的特异性包括如下几个方面。

第一，“人”是整个金融文化生态系统的核心。在自然生态系统中，生物群落（生命系统）与物理环境（非生命系统）之间的界限是十分明晰的，而在金融文化生态系统中，无论是在金融文化主体内部，还是在金融文化主体赖以生存和发展的外部环境中，都无处不带有人的印记，进而金融文化主体与金融文化生态环境间界限十分模糊。因此，改变人，改变人的观念，是优化金融文化主体结构和功能、完善金融文化运行外部环境、促进整个金融文化生态系统平衡的关键。

第二，金融文化生态系统研究的重点在于金融文化运行外部环境对金融主体的影响。在自然生态系统中，由物质循环和能量流动将生物和非生物物理环境密切联系起来。因此，在研究二者关系时，既侧重于研究非生物环境对生物的影响，又侧重于研究生物对物理环境的反作用；而在金融文化生态系统中，由于在本源意义上，经济和社会的发展决定着金融文化的产生和发展，因此，在研究金融文化主体与其外部环境的关系时，更侧重于研究外部环境对金融文化主体行为及运行结果的影响。因此，与生态学研究相比，对金融文化生态系统的研究更具有单向性。

同自然生态系统一样，金融文化生态系统也由两部分组成，即金融文化主体和金融文化生态环境。金融文化主体和金融文化生态环境是相互依存、彼此影响的。一方面，金融文化生态环境构成金融文化主体的活动空间，决定着金融文化主体的生存条件和健康状况，并且不同的金融文化生态环境要素对金融文化主体的约束条件不同，进而使金融文化主体行为出现不同特征；另一方面，金融文化主体以其生产并分配信息，引导资源配置，提供管理风险手段的功能，对金融文化生态环境的发展发挥着积极的反作用。

5.4.2 金融文化生态系统对吉林省金融文化的影响

第一，吉林省金融文化的建设离不开经济和金融的协调发展。良好的金融文化生态环境有利于引导金融文化资源的有效配置，为金融文化的健康发展创造条件，进而为金融业有序均衡发展创建良好的外部环境，而金融业的健康发展，更有利于其在现代经济建设中核心作用的充分发挥，从而促使经济平稳快速增长，并最终为社会主义和谐社会的发展奠定坚实的物质基础。此外，改善金融文化生态环境，就是建立完善的社会信用体系、健全的法律制度体系和社会中介服务体系，而这正是吉林省金融文化的基础。因此，金融文化生态环境建设关乎地区经济、金融和社会稳定，良好的金融文化生态环境对吉林省金融文化的构建具有重要作用。

第二，金融文化生态环境建设对我省金融整体竞争力的影响。首先，在金融文化生态环境建设中，金融文化法律法规的完善以及司法机构执法效率的提高，规范了金融文化主体的经营行为，更好地保护了金融文化参与者及相关者的利益；其次，在金融生态环境建设中，社会信用体系的完善有助于减少金融交易中信息不对称、道德风险和逆向选择等失信行为的发生，从而降低了金融文化运行成本；最后，在金融文化生态环境建设中，随着社会中介服务体系的完善，众多中介服务业务弥补了各金融机构业务发展中的不足，进而提高了金融机构对金融文化资源的配置效率。因此，良好的金融文化生态环境提升了对我省内外金融资源的吸引力，而且随着大量金融机构涌入，还促进了金融文化市场竞争格局的形成，进而促使金融文化对金融、金融对经济发展的支持作用增强，最终吉林省区域经济的整体竞争力得到显著提升。

5.4.3 吉林省金融文化生态系统建设的制约

第一，是政府治理方面缺乏有效地监督约束机制。为避免地方政府对经济的过度干预，中央政府需要加强对地方政府的监督和指导。然而，当前中央对地方更侧重于政府绩效考核尤其偏重于对 GDP 等数量方面的考察，进而导致地方政府官员为了彰显政绩，尽早获得选拔或提升的机会，有强烈的投资冲动，对地方经济的干预活动越来越频繁。此外，由于中央对地方政府行为的监督约束机制欠缺，不能有效加强地方政府的自律和他律，进而使地方政府的自我约束意识不强，对经济的干预频繁发生。对经济进行干预的同时，会导致金融文化领域对金融业的支撑急功近利之风盛行，不利于吉林省金融文化长治久安。

第二，经济增长过多以投资拉动。投资需求、消费需求和净出口需求是经济增长的动力源泉，并且经济增长的根本是消费，消费需求是最终需求，投资需求属于中间需求，投资服从于消费，消费是投资的基础和前提，且合理的经济增长是消费对经济增长的贡献大于投资对经济增长的贡献的。目前，吉林省的投资和消费对经济增长贡献的份额较大，进出口对经济增长贡献的份额较小，并且从发展趋势上看消费对经济增长的贡献逐渐小于投资对经济增长的贡献，即投资是经济增长的主要驱动力。这表明吉林省的经济增长过度依赖于投资，也就是说经济增长过度依赖于投入物数量的堆积。因此，经济增长的可持续能力不足并引起金融体制的发展缺乏稳定的物质基础，而严重制约金融文化和金融文化生态系统的建设。

第三，金融机构综合实力弱。首先，省内银行体系结构失衡，与全国类似，吉林省是以银行为主导的金融体系，银行体系的结构呈现出：国有银行居于主导地位，股份制银行、外资银行和中小型金融机构处于辅助地位。并且从发展态势上看，国有银行刚刚完成股份制改革，其经营管理体制仍需进一步完善，而股份制银行、外资银行和中小金融机构刚刚兴起，处于发展壮大阶段，其抵御风险能力较弱。因此从银行体系的结构和发展趋势上看，银行金融机构的竞争力较差。其次，银行信贷工具效率低下。经济增长的根本在于资本的形成和积累，而只有将储蓄有效转化为投资，投资才能为经济增长和金融文化发展提供资本。金融正式在储蓄向投资转化的过程中发挥着金融融通的作用。储蓄向投资转化的效率，目前我省呈下降的趋势，说明我省金融机构效率在不断降低，大量资金滞留在金融市场内部，从而阻碍资本的形成和积累，制约了地区经济的发展，同时也制约了金融文化和金融文化生态系统的发展。再次，非银行金融机构规模小，融资能力有限。在股票市场上：吉林省的证券机构数量比较少，规模比较小，进而资金融通能力较弱。在债券市场上：目前，我国债券市场上仅有国债、金融债和企业债，而地方政府债券欠缺；并且吉林省的债券市场极不发达，企业通过债券市场融资更是罕见。最后，金融工具结构失衡。在股票市场上：在上市公司总股本中，大量国家股和法人股不能上市流通，能够流通的股份占总股本的比重过小；且上市公司中大部分为大型国有企业，一些中小企业上市融资仍较困难。此外，在一级发行市场上，除证券交易所统一组织的发行外，吉林省的各上市公司极少在一级市场上进行公开发行融资，并且在二级市场上股权交易不活跃。在债券市场上：债券结构为国债和政策性金融债居于主导地位，企业债券由于发行量少且发展滞后而处于次要地位，并且至今国家仍不允许地方政府公开发行债券。因此，债券发行主体缺失，债券种类结构失衡制约了企业通过债券市场筹措资金。总之，金融工具结构的失衡制约了资本市场的发展。

5.4.4 吉林省金融文化生态系统建设的建议

一个地区金融业文化的持续发展不仅依靠自身的制度建设和经营水平的提升，更依赖于其所处的外部环境的优化，而对金融文化生态环境进行理论研究和发展状况的评价目的就是为了发现并改善金融文化发展的不良因素，促使地方金融文化健康发展，最终为地区经济持续、快速发展提供强有力的资金支持。

第一，进一步完善相应监督约束机制。政府对经济活动的不当干预，影响着地区经济资源的优化配置。因此，为规范政府行为，一是要完善相应的法律法规体系，用法律手段约束政府行为。二是针对政府行为应建立财政监督、技术监督、审计监督和统计监督机制，并配以监察手段。三是针对政府行为应建立相应的检测体系，如建立相应的法律标准、行政标准、经济标准、社会标准和业务标准。

第二，充分发挥地方政府改善金融文化生态环境的积极性。地区经济与金融的良性发展，一方面需要依靠市场的自我完善来克服经济金融文化发展问题；另一方面仍需要依靠市场以外的力量，即地方政府的引导。但应注意政府对金融文化的过度介入会制约地方经济金融的发展。因此，政府必须明确自身的职能与定位。首先，地方政府应充分发挥在金融文化生态环境建设上的领导和推动作用，积极营造公平竞争的市场环境和制度环境，并积极改进金融机构进入机制、鼓励金融文化业务创新、完善金融文化市场退出机制并加强金融监管。其次，地方政府还应充分发挥在政策和信息方面的引导作用，积极构建各类资金供给者与需求者间沟通与交流的平台，改善投融资环境。最后，政府应帮助大型企业改善自身治理环境，鼓励大型企业上市融资，拓宽融资渠道；此外还应解决中小企业融资难问题，应加强政府在这方面的信用担保，支持中小企业发展。

第三，转变经济增长方式。目前，吉林省的经济增长主要依靠投资需求的拉动。短期内，在消费水平和结构很难改变的情况下，投资是带动经济增长、增加财政收入、促进就业的重要手段，但从长期看，经济增长过度依赖于投资则极易引发投资过热、通货膨胀的发生，不利于国民经济的长远发展。因此，为了实现经济的可持续发展，一方面应努力改善投资结构、投资运行质量，确定合理的投资贡献率，防止投资过热现象发生；另一方面还应努力改善消费结构，尤其要扩大城乡居民的消费，积极培育新型消费领域，刺激消费需求，使经济向合理的增长方式转变。

第四，完善地方金融体系。优化银行体系结构。一是要继续深化国有银行的股份制改造，使国有银行产权更加明晰；二是应吸引外资银行进入本地区，增强体制创新能力，提升地区银行业整体竞争力；三是根据市场需求，设立股份制和股份合作制民营银行，促进民营资本向银行资本转化，壮大地区银行资本总量；四是规范发展地方中小金融机构，使其在规模和层次上与大型国有银行相匹配，满足多元化投融资主体多层次需求。此外，应改善本地区大、中、小金融机构的竞争环境，制定适宜的银行业发展政策，为大、中、小各类银行业金融机构的发展提供公平稳定的竞争环境。培育发展非银行金融机构，要规范发展证券、保险、信托等非银行金融机构，努力营造多层次的金融市场体系，从而拓宽企业资金融通渠道，促进地方经济发展。一是发展壮大证券公司，鼓励金融工具创新，充分发挥金融资源配置过程中资金融通功能；二是积极支持各类保险机构的发展，改善经营模式，鼓励保险业务创新；三是积极发展信托业，积极支持信托企业改制、重组。

第五，积极构建区域金融中心。区域金融中心是地区经济金融发展到一定程度的产物，是整体金融结构布局中有机组成部分。区域金融中心是一个大型的、多层次、多功能、开放型的资金融通、集中场所和金融网络的中心枢纽。随着吉林省金融业的发展，即国有银行股份制改造的全部完成，各股份制商业银行的涌入，各村镇银行、资金互助社的纷纷建立，区域金融中心建立的条件日益成熟。首先，长春市作为吉林省的省会，无论是在金融机构的密集度、金融市场的完善程度、金融工具的齐全度方面，还是在金融文化生态环境完善程度方面，都具有建立区域金融中心的资质。因此，应明确长春市作为区域金融中心的目标和定位，即将长春定位为吉林省的资金融通中心、资金清算中心和金融信息中心。其次，在建设区域金融中心时，政府应明确自身职责，在积极促建区域金融中心的同时，应避免对经济金融的过度干预。最后，在区域金融中心建设的路径选择上，应找好突破口，可率先建立一个金融子市场中心，之后再分阶段逐步发展其他金融市场，最终遍及整个金融市场体系。总之，区域金融中心的建立，所形成的强大金融聚合力、凝聚力、驱动力，会带动吉林省经济金融的整体发展。

6 金融文化发展战略的保障措施

根据当前吉林省金融事业和金融文化产业发展现状和存在的问题，结合国内外金融文化发展的经验，吉林省金融文化的战略选择应在如下五个方面进行长期安排和战略考虑。

6.1 建立金融文化创新体系

早在1995年，江泽民在全国科学技术大会上指出："一个没有创新能力的民族，难以屹立于世界先进民族之林。"他从战略的高度对创新的意义作了高度的概括："创新是一个民族的灵魂，是一个国家兴旺发达的不竭动力，也是一个政党永葆生机的源泉。"2006年1月，胡锦涛在全国科学技术大会上指出："建设创新型国家是时代赋予我们的光荣使命，是我们这一代人必须承担的历史责任。"文化创新是国家创新体系的重要组成部分，也是保持中华文化强大生命力和创造力的源泉。金融文化创新，不再是一般意义上的对传统的传承和延续，而是包含思想与观念、内容与形式、体制与机制的创新，是以往的金融文化向现代化的转化和重塑，是从内涵到外延的不断创造和更新。在全面建设吉林省金融文化，实现吉林省金融业腾飞的过程中，大力推进金融文化创新，加快金融文化事业和金融文化产业的发展，是实现金融、实体经济、政治和文化协调发展，构建吉林省金融文化体系的重要内容。因此，金融文化创新不仅关系到金融文化的自身发展，更关系到吉林省经济、政治发展的全局，关系到吉林省经济社会发展的未来。

6.1.1 金融文化创新的战略意义

第一，金融文化创新是金融文化自身发展的内在要求，是金融文化发展的生命之源。一部金融文化的发展史，就是金融文化不断从创新中汲取力量，开拓进取的历史。金融文化的发展史昭示，金融文化只有创新，才能不断焕发出新的活力与光彩，才能增加金融文化的生命力和感染力，并由此获得新的价值和意义。金融文化的发展史就是一部金融文化创新史，金融文化以顽强的生命力发展并延续下来，创造了属于金融业的辉煌篇章，固然有吉林省金融业所固有的自强不息的金融文化精神和不断吐故纳新的金融文化创新活动。可以说正是在这种创新精神和不断地创新行为上，金融文化的发展才永葆生命和活力。可以说，创新是金融文化的生命之源，是体现自身品质和实现自身功能的必由之路。

第二，金融文化创新是增强吉林省金融文化实力，推进吉林省金融文化体系改革的客观要求。吉林省的金融文化改革牵涉整个社会、整个地区的较为全面进步的发展，既应该有高度发展的物质文明、政治文明、社会文明，也应该有高度发展的精神文明。随着吉林省金融文化改革的不断深入和吉林省金融业的蓬勃发展，金融文化对经济建设和整个金融业的影响和推动作用日益凸显。当今世界，金融文化使金融、实体经济、政治、社会等因素相互交融，在综合竞争实力上地位和作用越来越突出，金融文化已经成为一个国家或者地区的金融业竞争能力的重要标志，金融文化的落后势必影响和制约金融业、经济社会的健康发展。因此，牢牢把握吉林省金融文化的发展方向，加大金融文化创新的力度，是保持吉林省经济增长后劲，提高吉林省经济实力的客观要求。

第三，金融文化创新是应对金融市场全球化趋势，维护地区金融文化安全的根本举措。金融市场全球化对世界各国的经济、政治、文化都产生了较为深远的影响，加入 WTO 标志着我国开始全面接触金融全球化的潮流。在金融全球化的带动下，金融业国际文化交流日益增多，一方面，世界上不同地区的金融文化相互交汇融合，彼此取长补短，这为吉林省的金融文化不断吸收全人类创造的优秀金融文化成果，努力创造既适应现代化要求，又具有本地区特色的新的金融文化创造了有利的条件。另一方面，在金融全球化时代，中国面临着西方强势文化的强大压力和冲击。西方国家，尤其是美国，这一世界最为强大的金融国家，凭借其经济、科技和文化上的强势地位，主宰了全球的金融文化生产和信息传播。随着金融文化产品的推销，其价值观念、管理方式也被输出到世界各地，使各国独具特色的金融文化面临严峻挑战，都面临着维护自身金融文化安全的艰巨任务。因此，我们必须大力推进金融文化创新，增强我国和我省的金融文化的总体实力，创造能够适应时代发展潮流，满足现代人精神需求的金融文化内容和形式，不断扩大中国金融文化在国际文化市场的份额，这是解决吉林省金融文化安全问题的根本。

第四，金融文化创新是提高金融业从业人员的素质，实现人的全面发展的决定因素。提高人的素质，实现人的全面发展，是实现吉林省金融业发展腾飞的重要目标，提升吉林省金融文化竞争力的本质要求。人的全面发展是一个不断创造的过程，不仅取决于物质，更取决于精神。决定一个人素质的高低，往往决定于他的科学文化教育水平和思想道德水平的高低。在推进吉林省金融业发展腾飞的过程中，人们对金融文化生活提出了更高的要求。只有加大金融文化创新的力度，生产出深为广大人民群众喜闻乐见的丰富多彩的金融文化产品，不断满足人民群众多层次的精神文化需求，才能有力地促进人的素质的提高和人的全面发展。

6.1.2 金融文化创新的内涵

金融文化创新中的文化，是与政治、经济、社会相对的文化。金融文化创新在本质上是一种文化进步运动，许多学者对文化创新的概念进行了探讨。中国学者王树祥综合各种文化创新的定义，认为“文化创新是人类在继承、借鉴本民族文化和外来文化的基础上，结合新的社会实践需求，逐步对旧文化模式和系统进行革命性改造和扬弃，从而创造新质文化的进步运动，它是推动社会进步和实现人类自身价值的重要实践方式。”对于目前吉林省金融来说，金融文化之所谓创新，就是立足于吉林省金融改革和现代化建设的实践，着眼于世界金融文化发展的前沿，是发扬本地区金融文化的优秀传统，汲取世界各地金融文化的长处，在内容和形式上推陈出新、批判扬弃、创造转化，锻铸出新型的金融文化形态。一言以蔽之，就是创建一种面向世界、面向未来、面向现代化的，民族的科学的大众的先进金融文化，即具有吉林省地方特色的金融文化。

金融文化创新是一系列金融文化活动的系统创新，这些要素主要包括金融文化观念、金融文化内容、金融文化形式和金融文化机制等。

第一，金融文化观念的创新。观念是行动的先导，金融文化观念的创新是金融文化创新的核心和前提。所谓金融文化观念的创新，就是要突破和摆脱陈旧过时、不切实际的观念和思维定势的束缚，敢于打破常规，解放思想，与时俱进，创造出符合时代潮流和实践需要的新型金融文化观念。在目前的吉林省金融文化建设过程中，就是要自觉地把思想观念从那些不合时宜的观念、做法和体制的束缚中解放出来，从对以往形成的金融文化的固有思路和教条式的理解中解放出来，从主观主义和形而上学的桎梏中解放出来，在吉林省经济社会发展中确立与发展吉林省金融市场经济相适应的新观念、新道德、新规范，在建设和谐文化中构筑吉林省经济社会核心价值体系，增强吉林省金融文化的感召力和吸引力，不断深化对金融文化地位和作用、金融文化发展方向、金融文化发展动力、金融文化发展思路、金融文化发展格局、金融文化发展目的的认识，牢固树立新的金融文化发展观。

第二，金融文化内容的创新。吉林省特色金融文化的核心内容主要包括代表中国先进文化方向的党的指导思想，与吉林省金融发展状况相适应的道德体系，以及建立在上述几个方面之上的民族精神和时代精神。首先，努力坚持马克思主义理论的不断创新。马克思主义理论既是当代先进文化建设的指导思想，又是吉林省金融先进文化所秉承的思想根源和建设的首要内容，它决定着吉林省金融文化发展的性质和前进方向。理论创新是实现其他方面文化创新的前提条件和内在动力。我国是以马列主义、毛泽东思想、邓小平理论和“三个代表”重要思想为指导的社会主义国家。在发展社会主义市场经济的条件下，马克思主义的指导地位不可动摇。但马克思主义理论也要不断发展、不断创新，保持与时俱进的精神状态。我们要在继承和坚持中创造出符合中国当代实际的马克思主义的新的理论形态，在全社会形成建设中国特色社会主义的共同理想，用发展着的马克思主义指导和推进吉林省金融文化创新的实践。其次，要形成与吉林省金融发展状况相适应的道德体系。形成与吉林省金融发展状况相适应的自立、竞争、效率、民主、平等、法治契约等观念，实现依法治金融与以德治金融相结合；形成与中华传统美德相承接，以新时期荣辱观为核心的吉林省金融文化道德体系，包括以为人民服务为核心、以集体主义为原则、以诚实守信为重点的道德体系建设，并在积极借鉴和吸收当今国内外一切有益成果的基础上，赋予其新的内涵和时代特征。最后，弘扬和培育民族精神和时代精神。民族精神是一个民族赖以生存和发展的精神支撑，是一个民族在长期的历史发展过程中逐渐形成的并内化于该民族主体的普遍的价值取向、共同的心理诉求和特殊的精神气质。在五千多年的发展中，中华民族形成了以爱国主义为核心的团结统一、爱好和平、勤劳勇敢、自强不息的伟大民族精神，在改革开放的新时期形成了以改革创新为核心的时代精神、面对世界范围内各种思想文化的相互激荡，我们必须不断结合时代和社会发展要求，赋予民族精神以新的时代内涵，在建设吉林省金融文化的实践中，提炼民族精神的精华，不断为其注入新的活力，例如竞争精神、平等精神、法治精神、科学精神、民主精神等，同时，我们还要把弘扬民族精神与弘扬以改革创新为核心的时代精神结合起来，使之成为实现吉林省金融文化大发展的巨大精神动力。

第三，金融文化形式的创新。在实现金融文化内容创新的同时，还要不断进行金融文化形式创新。金融文化形式是金融文化发生、表达、传播的载体，是表现金融文化内容的手段和方式。金融文化形式的创新是使金融先进文化的内容通过适当的形式展现给人民大众，不仅发挥教育人、鼓舞人、塑造人的功能，还为全社会尤其是所有金融事业相关者所理解、认同和接受。在具体途径上：一是要使金融文化的形式贴近人民群众的生活实际，注重区域性、民族性和通俗性满足不同层次群众的需求和欣赏水平；二是要创造出人民群众喜闻乐见的金融文化形式，适应我省人民的心理特点和表达习惯；三是要使金融文化的表达形式与科学技术结合起来，利用现代传媒手段，尤其是网络技术，丰富和发展金融文化表达形式，增强先进文化的穿透力、表现力和感染力。

第四，金融文化科技创新。文化与科技创新的互动是近代文明演进的趋势之一。当代的科技创新在与文化、经济的互动中，扮演着越来越重要的角色。高新技术特别是数字信息技术的飞速发展和应用为加快形成金融文化创造力提供了难得的机遇。金融文化与科技特别是现代高新技术的互动和结合，使得金融文化生产、制作和传播更加现代化、多样化，尤其是数字化、网络化等文化科技形式与载体的出现，前所未有地提高了金融文化的表现力与感召力。因此，科技创新是金融文化产业发展的重要基础，是提升吉林省金融文化产业国际竞争力的重要手段。运用高科技手段去改造与提升传统文化，创新生产和传播模式，开发新兴文化产业，不断提高金融文化产品的科技含量，将是加快吉林省金融文化产业发展的必由之路。

第五，金融文化体制机制创新。如果说观念创新是金融文化创新的指针，金融文化科技创新是金融文化创新的助推器，金融内容创新和金融形式创新是金融创新的主体，那么金融文化体制机制创新则是金融文化创新的制度保障。金融文化体制既是社会根本制度的重要构成，又是金融文化本身的一项基本内容。推进金融文化体制与机制的创新与改革，解放和发展金融文化生产力，是推动金融文化创新的重要环节和根本出路。金融文化体制包括金融文化管理体制、金融文化生产体制、金融文化交流体制、金融文化经营体制等多个方面。良好的金融文化体制是金融文化创新的基本保证，也是金融文化服务于经济和社会发展的制度基础。过去的金融文化体制基本上是计划体制下的产物，如今在全球化和社会主义市场经济体制的背景下，金融文化体制必须进行相应的改革。金融文化体制创新的根本，就是要遵循社会主义精神建设的特点和规律，适应社会主义市场经济发展的要求，建立起对内可以充分发挥社会的金融文化创造潜力，壮大金融文化产业规模，繁荣吉林省金融文化事业，对外可以适应国际金融文化发展的潮流，具有高度应变能力和保障国家金融文化安全的文化体制。

6.1.3 金融文化创新的途径

吉林省金融文化的发展创新，必须立足于吉林省的特殊地区状况，在改革开放和现代化建设的实践指引下，着眼于世界文化发展的前沿，发扬吉林区域文化的优秀传统，汲取世界各国金融文化的长处，在内容和形式上积极创新，不断增强吉林省金融文化的吸引力和感召力。在实现途径上有如下几点。

第一，推进金融文化创新，要立足于吉林省的特殊地区状况，改革开放和现代化建设的实践。吉林省金融管理改革是金融文化创新的立足点和落脚点。任何文化都是一定社会实践的产物。金融文化只有植根于扩大人民群众的伟大实践中，才会有巨大的生命力和活力。吉林省正在进行改革开放和社会主义现代化建设事业，这样的伟大实践必然会对金融文化的发展产生深刻的影响，对金融文化建设和金融文化创新提出新的要求。正是生机勃勃的吉林省金融体制改革、改革开放和社会主义现代化建设的实践产生的新的金融文化问题需要回答，涌现出新的金融文化现象需要概括，萌发出的各种金融文化新芽需要培育，产生的新的经验和教训需要总结，金融文化创新才有了源源不断的动力和无限丰富的资源。

第二，推进金融文化创新，需要着眼于世界文化发展的前沿。当今世界，世界文化的发展主要发生了三大变化。一是在文化与经济互动中出现了文化经济化和经济文化的双向互动，文化与经济交融在一起，形成了专门从事文化生产、文化经营和文化服务的文化产业。二是文化与科技相结合，尤其是与数字化、网络化等现代高新科技相结合，使得文化的载体、文化的制作和文化传播更加现代化和多样化，形成了数字内容产业和文化创意产业。三是文化与政治和外交的互动加深。在和平、发展、合作的世界大潮下，政治和外交目标往往需要借重文化的形式加以实现，文化外交成为政治外交、经济外交之后的又一种重要的外交形式。因此，推进金融文化创新，不仅要回答吉林省社会经济实践提出的重大文化问题，还要以宽广的眼界和世界眼光把握世界金融文化发展的新特点、新趋势，把握时代的脉搏，研究和回答世界文化前沿的问题，从世界文化发展的趋势中来思考吉林省金融文化建设。

第三，推进金融文化创新，要继承和发扬中华民族的优秀文化传统。文化具有很强的继承性和延续性。金融文化创新，离不开中华文明五千年辉煌灿烂的传统民族文化，离不开五四运动以来形成的革命文化传统，还有新中国成立以来我国开展金融改革所形成的金融传统，离不开人类社会创造的一切文明成果。“发扬传统和开拓创新是统一的，继承是创新的重要基础，创新是继承的必然发展”。没有对优秀文化传统的继承和发扬，金融文化创新就成为无本之木、无源之水。我们要正确判断传统文化的糟粕和精华，继承传统精华，古为今用。我们要推陈出新，结合改革开放和现代化建设的实际情况和实际需要，通过升华和扬弃，实现传统金融文化的现代化转型。只有这样，我们的金融文化创新才能在厚重的历史积淀的基础上，创造出具有吉林特色、吉林风格和吉林气派的吉林省金融文化创新。

第四，推进金融文化创新，要借鉴世界各国优秀金融文化成果，汲取世界各国的长处，为我所用。积极吸收外来文化成果是提高吉林省金融文化素质和推动吉林省金融文化进步的重要方面。从历史上看，任何文化之所以灿烂辉煌绵延数，长久而不决，一个很重要的原因就是善于学习和借鉴人类文化的优秀成果。吉林省金融是代表吉林省金融社会发展方向的先进金融文化，是面向现代化、面向世界、面向未来的文化。因此，在建设吉林省金融先进文化的过程中，必须积极推进中外文化特别是中西文化的交流和融合，以博大的胸襟和积极的态度开展对外文化的交流与合作，学习、借鉴外国包括资本主义国家的进步金融文化成果，促进吉林省金融文化事业和金融文化产业的繁荣与发展。在学习借鉴的过程中，要以我为主，为我所用，辩证取舍，择善而从，从吉林省金融文化建设实际出发，在充分保持吉林地域金融文化的独立性的前提下努力实现西方文化的中国化。

第五，推进金融文化创新，要坚持群众的观点，充分发挥金融行业从业者的创造力和知识分子的特殊作用。金融文化创新是一个充满艰辛和复杂的探索过程，金融行业从业者是金融文化建设和金融文化创新的主体，金融文化创新离不开金融业从业者的智慧和首创精神。总结和提升金融行业从业者在金融文化实践中的创造性成果，是金融文化创新的不竭源泉。贴近群众、贴近生活、贴近实际，充分调动和发挥金融行业从业者的积极性和主动性，以科学的态度把人民群众在实践中创造的新鲜经验和有效做法，转换成推动金融文化发展的精神财富和理论导向。知识分子是金融文化的创造者、生产者和传播者，对金融文化创新肩负着更大的责任，是金融文化创新的中坚力量。

6.2　建立金融文化服务体系

金融文化服务体系是吉林省金融文化服务的重要内容，也是吉林省金融建设的重要组成部分，它的主体是金融文化事业。金融文化事业是指“与经营性金融文化产业相对应，主要着眼于社会效益，以非营利性为目的，为全社会提供非竞争性、非排他性的金融文化产品和服务的金融文化领域，它涵盖了广播电视、电影、出版、报刊、网络、演出、图书馆和经济社会科学研究等诸多文化领域，与整个金融文化领域可以实行市场化、产业化经营的文化产业一道，构成吉林省文化建设的完整内容。”吉林省金融文化服务体系是指以金融管理部门为主的金融服务部门提供的，以满足公民的基本金融文化生活需求为目的的，向公民提供金融文化产品与服务的制度和系统的总称。金融文化服务体系是金融服务体系的有机组成部分，是公民金融文化权利的实现方式和有效保障。公民的基本金融文化权利主要包含四个基本方面：一是享受金融文化成果的权利；二是参与金融文化活动的权利；三是开展金融文化创新的权利；四是金融文化创作成果得到保护的权利。只有建立完善的金融文化服务体系，公民的金融文化权利才能得到有效保障。在新的历史条件下，金融文化服务体系承担着十分重要的社会服务功能和公共责任：第一，通过金融文化服务，发展和繁荣吉林省金融文化，提高全体吉林省金融从业人员的思想道德水平和科学文化素质，帮助金融从业人员树立正确的人生观、世界观和价值观，并承担着用现代化金融文化思想来引导吉林省金融发展的职能；第二，满足最广大人民群众日益增长的金融文化需求，保证全体民众享受基本的金融文化和民族精神，为吉林省金融文化的传承、发展和创新提供保障；第三，弘扬吉林省金融文化和区域文化，为地域性金融文化的传承、发展和创新提供保障；第四，通过金融文化活动与实践，激发人们的想象力与创造力，承担为金融文化产业的发展提供原创力的功能；第五，维持社会生存与发展所必需的金融文化环境与金融文化条件。

6.2.1 金融文化服务体系的构成

完善的金融文化服务体系包括金融文化设施，金融文化产品，金融文化服务的供给体系，金融文化服务的运营机制，金融文化服务的资金、人才、政策法规保障体系以及金融文化绩效评估体系等方面。

第一，先进金融文化理论研究体系。理论研究是对人类社会实践的高度总结，也是对人类发展进步的指引。在建设吉林省金融文化的过程中，先进金融文化研究，吉林省地域文化研究，以及相关理论研究在金融文化服务体系中具有基础和引导性的作用。

第二，金融文化政策规范体系。金融文化政策规范体系是指鼓励、保障和扶持金融文化服务的法律、法规、政策、规划等。通过政策和制度的建立，规范金融文化生产、管理金融文化，保障金融文化服务体系的有效建立和可持续发展，这是金融文化服务体系建设的制度基础。

第三，金融文化基础设施体系。即政府通过预算投入，建立各种金融文化基础设施和设备，以及社会自愿参与投入建立的具有金融文化服务功能的设施设备等，包括各种与金融业发展有关的文化历史遗存和已经建成的博物，这是金融文化服务体系的物质保障。

第四，金融文化产品生产、运营体系。它是金融文化服务体系中金融文化产品的生产部门和直接作用于服务对象的运营系统。在市场经济条件下，政府并不是唯一合法的公共机构和单一的提供者，代表公共利益提供金融服务产品和金融服务的公共机构是一个以政府为主体的多元体制。因此，不能将金融产品和金融服务的提供与生产相混淆，提供者和生产者可以是同一个单位或机构，也可以不是。在金融文化服务领域引入市场机制有利于促进这一系统正常运作，保证有源源不断的金融文化产品提供给人民群众，让人民群众真切地感受到其金融文化权益的实现和金融文化需求的满足。

第五，金融文化资金保障体系。这一体系包括政府的拨款、贴息贷款及金融机构的融资、集资等。金融文化事业经费的多元筹集是金融文化服务体系正常运行和各种文化服务得以开展的资金保障。

第六，金融文化人才体系。金融文化人才体系是由参与金融文化服务的专业技术人员、业余文化队伍和支撑金融文化服务体系的管理人员、辅助人员等组成。这是保证金融文化服务体系建立和发展的中坚。优秀金融文化人才的不断扩大和人才培养制度的形成是保证金融文化服务质量不断提高的动力来源。

第七，金融文化绩效评估体系。该体系是指对金融文化服务主体、金融文化服务活动进行评价，建立科学合理的评价机制。对金融文化服务的重大决策行为、项目进行评议、决策、追踪和考评，保证各项金融文化服务实现效益最大化，是金融文化绩效评估体系的主要职能。考核金融文化服务的绩效，涉及金融文化服务的诸多方面，如公民金融文化权利的实现程度，公民金融文化素养和金融文化创造能力的高低，金融文化产品和金融文化成果总量的增长速度，政府及金融机构为社会提供金融文化产品和服务的总体能力等。

6.2.2 构建吉林省金融文化服务体系

在建设吉林省金融文化的新时期，构建具有吉林省特色的金融文化服务体系，保障金融参与者的基本金融文化权益，满足广大人民群众的金融文化需求，要着重在以下几个方面加大力度。

第一，构建先进金融文化理论与吉林省金融核心价值体系。先进金融文化理论和吉林省金融核心价值体系的研究事关吉林省金融业发展的精神动力、思想保证和目标指向。在逐步增加政府和金融机构投融资的基础上，要大力加强金融文化理论研究与建设工程，加强先进金融文化与和谐文化研究，用新的文化发展观统领新时期的金融文化工作。要发挥哲学社会科学人才的优势，对全球化条件下涉及金融领域的政治、经济、文化、社会、生态建设中的重大理论和实践问题进行综合性和前瞻性的跟踪研究，在继承和发扬民族文化传统的基础上，积极吸收和借鉴世界各国的优秀思想文化，站在世界金融文化发展的前沿，通过金融文化创新和金融文化改革，形成以现代金融文化理论为指导的，具有浓郁吉林省地方特色的思想理论和价值体系，用世界金融文化最新成果来指导吉林省金融文化的发展，为构建公平正义的吉林省金融文化社会服务。

第二，加大基础设施和重大工程项目建设的力度，建立覆盖全省范围的金融文化服务体系。金融文化基础设施建设是公益性文化事业发展的重要载体和依托。公益性文化基础设施建设，往往成为一个国家或地区的文明形象的标志。首先，我们要加强金融文化服务的硬件建设，按照科学规划、合理布局、符合实际、讲求适用、适度超前、可持续运行的方针，大力加强基层金融文化设施建设，打造覆盖全省、市、县、镇、村的基层金融文化服务网络。其次，我们要改善金融企业投入结构和投入比例，加大多渠道的金融文化事业的投入，尽快改善各地区金融文化基础设施和金融文化生态环境的不平衡状态，促进金融文化事业协调发展。最后，要形成金融文化基础设施和金融文化产品由政府金融主管单位、金融机构文化事业单位、非政府群众团体和市场混合提供的机制，为保障公民的基本金融文化权益提供坚实的物质基础和良好的金融文化生态环境。

第三，加大金融文化人才队伍建设。实施人才强省战略和人才兴文战略要求，加强金融文化服务队伍建设，造就一大批坚持先进金融文化方向，熟悉金融文化发展规律的优秀人才。要改革育人、用人、选人机制，建立起一整套吸引人才、帮助人才创出业绩的人才制度。要特别注重基层和农村金融文化人才的培养，要大力培养青年人才，为青年人才脱颖而出和尽快走向金融文化建设岗位创造条件。人才队伍是构建金融文化服务体系的重要组成部分，能否建立完善的金融文化服务体系，雄厚的金融文化人才资源是其中的基础性与关键性的因素。

6.3 实施人才兴文战略

国以才立，业以才兴，一项事业只有人才辈出、群英荟萃，才能兴旺发达、繁荣昌盛。当今世界，多极化趋势曲折发展，经济全球化不断深入，科技进步日新月异，人才资源已成为最重要的战略资源，人才在各项事业竞争中越来越具有决定性意义。对于吉林省金融文化的建设来说，应努力造就一支高素质的，结构合理的金融文化人才队伍，为吉林省金融文化事业发展提供组织保证、人才保证和智力支持。

6.3.1 实行人才战略的重要意义

人才是我国经济社会发展和科技进步的最重要的资源，也是吉林省金融文化事业繁荣发展的最重要的资源。金融文化的人才工作在金融文化工作全局中具有十分重要的战略地位。人才战略的提出对于提升吉林省金融文化建设的持久度，全面繁荣吉林省金融文化事业，加快发展吉林省金融文化产业具有重大和深远的意义。

第一，实施人才战略是全面繁荣吉林省先进金融文化的必然要求。人才是先进生产力中最活跃的因素，是先进文化的创造者和传播者。发展面向现代化、面向世界、面向未来的，区域的科学的大众的吉林省金融文化，开创吉林省区域特色金融文化事业新局面，从根本上说取决于提高广大金融文化工作者的素质，建设一支规模宏大、结构合理、素质较高的金融文化人才队伍。把实施人才战略确定为繁荣金融文化事业的根本战略，就是要为全面建设吉林省先进金融文化提供强有力的人才保证和智力支持。

第二，实施人才战略，是建设吉林省金融和谐环境的必然要求。吉林省金融和谐文化是构建吉林省金融和谐环境不可或缺的文化基础，建设和谐环境可以为推进吉林省金融文化现代化建设和构建吉林省金融和谐环境提供精神动力、思想保证、舆论支持和文化条件。广大的金融文化工作者是建设和谐文化，倡导和谐理念，培育和谐精神的主力军，是吉林省金融事业核心价值观念的建设者、倡导者和传播者。建设和谐文化，要求创造更多的符合和谐团结要求，倡导和谐包容的优秀文化产品，满足人民群众日益增长的精神文化需要。而这些优秀的金融文化产品和金融文化服务要靠一大批高素质的优秀金融文化人才来实现。实施人才战略，就是要为建设和谐文化和构建吉林省金融文化和谐社会提供人才保证。

第三，实施人才战略，是深化金融文化体制改革，解放金融文化生产力的必然要求。深化金融文化体制改革，加快金融文化产业和金融文化事业发展，解放金融文化生产力，是加快吉林省金融文化现代化建设的内在要求，是提升吉林省金融文化影响力的迫切需要。不论是公益性文化事业改革，还是经营性文化产业改革，都是一种体制和机制创新，而任何创新都是由人才来实现的，只有不断创新，才会使我省的金融文化事业和金融文化产业获得新的发展和提高。没有大量的人才储备，离开了优秀金融文化人才的作用，解放金融文化生产力就是一句空话。金融文化人才是金融文化生产力中最活跃的因素，金融文化影响力的竞争最终是人才的竞争。所以应高度重视金融人才队伍建设，按照政治强、业务精、作风正的要求，着力培养金融文化领域的领军人物和专业人才，掌握现代传媒技术的专门人才，懂经营、善管理的复合型人才。实施人才战略，必将对金融文化事业全面繁荣和金融文化产业的快速发展产生积极而深远的影响。

第四，实施人才战略，是促进国际间金融文化交流，增强我省金融文化竞争力和影响力的必然要求。改革开放以来，我省金融文化事业和金融文化产业获得了长足的发展。中国加入 WTO 后给我省金融文化建设事业带来了前所未有的机遇，国际间金融文化交流日益频繁，我省金融文化的国际影响力日益增大。同时，对外开放的扩大也对金融文化人才提出了更高的要求。为了应对加入 WTO 的文化贸易形势和实施中华文化走向世界的战略举措，我们要加大涉外人才的培养力度，努力培养和造就一支素质好、水平高、业务精的对外金融文化交流队伍，着力培养一批既了解国外金融文化历史又熟悉国际金融文化交流业务，既懂得国际文化贸易规则又具备良好外语知识的复合型人才。只有对外金融文化交流队伍数量的扩大和质量的提高，吉林省金融文化才会更快地走向世界，我省的金融文化产品才会更容易参与国际金融文化市场，我省的金融文化软实力才会有更大的提升。

6.3.2 树立科学的人才观，加快金融文化人才队伍建设

适应金融文化事业和金融文化产业发展的新形势，实现金融文化人才规模和质量的跨越式提升，逐渐形成人尽其才的良好环境，是实施人才战略的关键。

第一，树立科学的人才观，多层次、全方位推进金融文化队伍建设。要科学认识人才在繁荣金融文化事业和发展金融文化产业方面的重要地位，树立科学的人才观，尊重劳动、尊重创造、尊重知识、尊重人才。要坚持德才兼备原则，把品德、知识、能力和业绩作为衡量人才的主要标准，不唯学历、不唯职称、不唯资历、不唯身份，不拘一格选人才。要善于发现人才，善于使用人才，对人才不求所有，但求所用。只要是具有一定的知识和技能，能够进行创造性劳动，能够为金融文化事业和金融文化产业发展做出积极贡献，都是金融文化发展所需要的人才。

第二，为金融文化人才的培养和使用营造一个良好的环境。人才是知识的载体，是金融文化劳动和创造的主体。首先，要树立人才资

源是第一资源的观念，切实地重视人才、爱护人才、珍惜人才，为人才的成长创造良好的学术自由环境，努力形成尊重文化、尊重艺术的浓厚氛围，形成生动活泼、民主团结、宽松和谐的良好社会环境。其次，要为人才创造有利的工作环境和生活环境，真正使人才创造有机会，干事有平台，发展有空间。要用生活环境吸引人才，用工作环境凝聚人才，用分配机制留住人才，为人才创造想干事、能干事、干得成事的良好环境。最后，改进金融文化人才使用管理制度，健全金融文化人才评价、选拔、使用、流动机制，为人才的脱颖而出和人尽其才提供机制保障。

第三，大力培养一大批高素质的金融文化人才队伍，突破金融文化发展的人才瓶颈。吉林省金融文化人才队伍总量和规模，近些年来虽有很大提高，但人才缺乏，特别是高素质、复合型的金融文化人才的缺乏，已成为我省金融文化发展的一大制约因素。人才缺乏也是一个不容忽视的问题。因此，在我省繁荣金融文化事业和发展金融文化产业的过程中，解决人才问题，为金融文化发展提供强大的智力支持和人力资本，是一个极为迫切的任务。要突破目前制约金融文化发展的人才瓶颈，就必须着力培养一支高素质的金融文化队伍，通过高等教育、职业教育、人才引进等途经提升人才供给能力。重点要建设一支高素质的金融文化行政人才队伍，造就一支以高层次人才为核心的金融文化专业人才队伍，培养一批具有极高管理水平的金融文化经营管理人才队伍。

6.4 对外金融文化发展战略

当今世界，文化与经济政治相互交融，在综合国力、地区竞争、行业竞争等各种竞争环境中的地位和作用越来越突出。对外金融文化交流作为金融文化建设事业的重要组成部分，在吉林省金融文化建设中的地位日益提升。进入21世纪以来，随着经济全球进程的加快，金融文化在国际间交流、融合、碰撞也在广泛而深入地展开，金融文化实力强大的国家和地区凭借金融资本优势，金融文化产品竞争优势和金融文化经营管理优势努力扩大其在世界金融领域的影响力，并依托其影响力占据了大部分金融文化市场份额，对即溶文化实力相对弱小的发展中国家的金融文化市场和金融文化产业形成了强劲的压力和冲击。同时，这些强势金融文化产品还承载着金融文化输出地的观念意识和价值取向，甚至是意识形态的内容，对金融文化输入地的金融文化体系和价值观念产生巨大影响。金融全球化的趋势对国家文化主权和地区文化认同产生了事实性的挑战。因此，维护国家文化主权的独立性，保障国家文化安全，提高吉林金融文化的国际影响力，扩大国际文化市场份额是我们在战略机遇期面临的一项重要任务。

6.4.1 建立吉林省金融文化安全机制

金融文化是吉林省金融事业的灵魂，是金融产业的重要的精神支撑。作为吉林省金融安全体系的重要组成部分，金融文化安全越来越受到国内外金融业的关注。在金融全球化的大背景下，维护金融文化的安全就是保障吉林省文化主权的独立性和自主性，就是在维护吉林省特色的金融文化传统和本地区主流的金融行业价值体系。进入新世纪，吉林省在金融安全上存在以下几个方面的挑战。

第一，针对我国和我省金融文化的意识形态，西方一些国家对我国的金融体制和管理思想进行渗透。中国坚持走中国特色的社会主义道路，坚持马克思主义在意识形态领域的指导地位，在金融文化价值、金融意识形态、金融管理制度、金融核心利益等诸多方面与西方发达国家存在着明显分歧。东欧剧变后，中国不仅成为以美国为首的西方国家进行文化渗透和文化颠覆的主要目标之一，一些政治势力为实现其“西化、分化”中国的目的，也将金融文化作为输出其意识形态的重要工具，最终达到控制我国金融思想的目的。因此，中国以马克思主义为指导的意识形态及其维护共产党领导的社会主义政权面临着西方资本主义意识形态扩张的压力。现代信息技术的高速发展也为西方金融文化、政治文化的输出提供了强有力的手段。一些西方国家利用知识经济时代信息的高效传播性、渗透性，对我国的价值观念和政治制度进行误读和歪曲、扩大分歧、挑起事端，甚至威胁到我国的金融稳定、政治稳定和社会稳定。西方国家，特别是美国，作为世界上最大的金融国家，通过其几乎覆盖全世界的新闻生产与传媒网络，不间断地向包括中国在内的非西方国家传播西方金融文明的价值观、时尚和风俗习惯，在有形无形中利用西方文明特别是西方消费主义文化改造非西方国家，对非西方国家社会的各个层面造成广泛而深入的影响。西方国家还利用互联网及各种传媒手段，作为和平演变的工具，力图促进中国的所谓“金融自由民主化进程。”

第二，西方文化产业大国尤其是美国借文化贸易输出其民主思想和价值观念。由于美国等西方国家在经济全球化和世界贸易中处于强势地位，他们利用开拓国外文化市场作为其向发展中国家灌输思想，移植观念的重要渠道。因为在他们看来，“世界上还没有哪个国家发现一种办法：既进口世界的产品和技术，又能够把国外的思想阻止在边界”。美国以强大的经济实力和高技术手段为后盾，在大众传播媒介的支持下，不仅使文化产品成为日常的社会消费品，而且在全世界范围内形成了美国空前扩张的态势。在国际金融文化贸易中，出于弱势文化地位的发展中国家往往在文化经济时代的国际格局中再次成为文化资源的廉价出口国和文化产品的高价进口国。美国通过输出文化产品，开拓国际文化市场，推行美国的价值观，维护美国的霸权，这是多年来美国一贯奉行的基本政策。

第三，我国金融文化资源在国际金融文化市场全球化的压力下面临流失和被异国开发的危机。世界各国为迎接信息时代的来临，正大规模地将包括金融文化遗产在内的文化资源转换成数字化形态，由于科学技术的落后，发展中国家缺乏对本国金融文化资源的有效保护，只有依赖于国际资本和技术实现其金融文化遗产数字化。与此同时，随着国外对中国金融文化资源了解的加深，中国金融文化资源被异国开发利用的可能性在逐步加大，中国的金融文化元素越来越多地成为国外金融文化产品的生产原料。对中国金融文化资源的开发关系到国际信息技术集团和国际文化传媒集团对中国金融思想领域的占有，这对我国构成了金融文化资源安全问题。

吉林省金融文化安全问题，是一个涉及国家和地区金融文化自主性、地区凝聚力、综合国力以及社会稳定和经济可持续发展的战略性问题。在全球化背景下，世界各国不同文化之间相互交流、冲突、渗透和碰撞。发达国家凭借技术和经济优势在金融文化交流中处于强势，发展中国家面临的金融文化安全问题更加突出。如果不从国家政治独立、民族长远发展的高度对文化安全问题保持警惕，就会瓦解我国金融行业的内在凝聚力，造成我国金融业深层次的“文化弱势”，削弱我国金融业的综合竞争实力。因此，提高金融业从业人员和参与者对于我国和我省的金融业的自豪感和自信心，保障吉林省金融文化自主权的独立性，构建面向21世纪吉林省金融文化安全战略，已经成为我们亟待解决的重大问题。

加强吉林省金融文化安全，应做到如下几个方面。

第一，增强吉林省金融文化创新能力，大力推进吉林省区域特色金融文化建设。加强和维护吉林省金融文化安全，就要大力推进有吉林省特色的金融文化建设，扎扎实实地把我们自己的金融文化建设好，这是防止内在文化分裂和抵御任何外来文化霸权的最好办法。首先，要推进马克思主义与中国国情和吉林省省情的具体实际相结合，用发展着的马克思主义理论成果指导吉林省金融文化建设，用新的文化发展观指导吸收和借鉴先进文化与和谐文化，提高建设吉林省金融文化的能力。其次，要增强金融文化创新能力，既要从吉林省金融文化建设的实际出发，继承和弘扬地区金融文化的优秀传统，又要具有世界眼光，积极吸取和借鉴世界各国和各民族的优秀文化成果，做到推陈出新，与时俱进，不断增强具有吉林省特色、世界眼光的金融文化的吸引力和感染力。最后，要大力进行金融文化体制改革，促进吉林省金融文化事业和金融文化产业快速发展，增强我省的金融文化竞争力。全面繁荣金融文化事业和大力发展金融文化产业是吉林省区域特色金融文化建设的中心内容，深化金融文化体制改革是推动金融文化创新，解放和发展文化生产力的重要途径，也是维护我省金融文化安全的战略需要。在文化经济时代，文化产业在各国和各地区建设中的战略地位逐步提升。在我国，金融文化产业是发展金融文化生产力的重要途径和主要载体，是金融文化竞争力的重要组成部分。发展金融文化产业不仅关系到我省金融产业的发展和金融产业结构的调整，也关系到吉林省在国际金融文化交流中的地位和在国际金融文化市场中的竞争力。故而，金融文化体制的改革与创新是新时期吉林省金融文化崛起的根本举措，是维护我国和我省金融文化安全的必由之路。

第二，建立吉林省金融文化安全预警机制。维护我省金融文化安全一个非常重要的制度保障就是要建立吉林省金融文化安全预警机制。金融文化安全预警是指一个国家或地区根据本国或本地区金融发展整体利益的需要，对金融文化运行状态所可能威胁到它自身以及整个国民经济和社会发展的安全状态进行监测，并在此基础上做出预期性警示评价和对策的文化安全的政策过程和反应控制系统。这套检测吉林省金融文化安全状况的系统通过一些关键数据的及时采集和分析，掌握省内金融文化安全状况，评估本省金融文化安全级别，就吉林省金融文化安全状况和发展趋势进行预测，向有关部门或公众公布的安全信息。构筑金融文化安全预警系统是实现我省金融文化管理安全的重要保障，是积极应对文化霸权和文化渗透，避免我省出现金融文化安全危机的预防性措施。

科学高效的吉林省金融文化安全机制应包括以下几个方面：第一，完善金融文化商品进出管理制度和金融文化市场监管机制，建立金融文化产业投资风险评估和管理体系；第二，借鉴国外保护文化和社会安全的经验，制定适合中国国情和我省省情的文化安全政策；第三，通过对国际金融文化的流动趋势及其各种渠道的监督，把国际金融资本对我国金融文化市场和金融文化产业可能构成的威胁控制在安全警戒线以下；第四，运用各种金融文化安全管理手段，及时对由于西方强势文化进入可能对我国金融文化产业及意识形态构成的威胁做出准确的预告性和警示性反应；第五，把构筑吉林省金融文化安全管理系统和预警机制纳入法制化轨道，以积极的态度抵御外部金融文化侵略，始终掌握吉林省金融文化产业和文化管理的主动权。

6.4.2 实施吉林省金融文化走出去战略

国际间金融文化交流的不断扩大对维护我省金融文化安全提出了新要求。当今世界，在很大程度上，对吉林省金融文化安全的维护并不是死死困守，不是故步自封，也不是单纯地消极防御。事实上，“以攻为守”才是最有效的防守，让吉林省金融文化在世界金融文化市场上产生更多的影响力，向世界展示吉林省金融业的魅力，体现吉林省金融从业人员的英姿，变被动为主动，这才是维护我省金融文化安全的更好的途径和选择。吉林省金融文化走出去战略是提升我省金融文化实力的战略举措，是充分利用国际国内“两种资源，两个市场”增强吉林省金融文化产业国际竞争力的现实需要，是树立吉林金融快速发展的重要体现。

吉林省金融文化走向世界主要包含两方面的内容：金融文化外交和对外金融文化贸易。金融文化外交主要是指以政府和省内大型金融机构为行为主体的，以文化传播、交流与沟通为内容的对外金融文化交流活动，是具有金融文化自主权的国家和地区利用金融文化手段达到特定政治目的或对外战略意图的一种外交活动。通常而言，当前各地政府和金融机构推行金融文化外交主要包括以下几方面内容：一是签订国际金融文化交流官方协定，缔结金融文化条约，召集或参与国际或地区金融文化会议，组建或参加国际金融文化组织；二是推进金融文化代表团互访，举行对外金融文化演出与展示。提供文化咨询服务。对外金融文化贸易是吉林省金融文化走向世界的又一项重要内容。金融文化贸易的规模和金融文化产业的国际竞争力体现了一个国家或地区金融文化实力，是一个国家或地区金融文化产品能否真正走向世界并占领国际文化市场的主要标志。强大的对外金融文化贸易在体现经济利益的同时，更是一个吉林省金融文化崛起的象征。积极培育外向型金融文化企业，通过出口既体现本省地区特色的、又有高科技含量的金融文化产品参与国际金融文化市场竞争是对外金融文化贸易的主要渠道。

6.5 构建金融文化企业社会责任

6.5.1 企业社会责任的概念

企业的社会责任伦理观是当代西方影响深远的一种新的企业管理

观念，其基本概念是企业社会责任。但是对于企业社会责任的概念及内涵，国内外学者有不同的认识。按照霍华德·鲍恩（1953）的观点，“企业的社会责任是指商人按照社会的目标和价值，向有关政府靠拢、作出相应的决策、采取理想的具体行动的义务”。斯蒂芬·P.罗宾斯（Stephen P. Robbins）与玛丽·坎特（Mary Coulte）则认为，“企业社会责任是指超过法律和经济要求的，企业为谋求对社会有利的长远目标所承担的责任”。韦翰尼（Werhane）认为，“企业的社会责任是指企业具有的那种超出其业主或股东狭隘责任观念之外的，替整个社会所应承担的责任”。戴维斯与布洛姆斯特斯给企业社会责任的定义则是“企业社会责任是企业的决策者们采取行动的责任或义务，他们采取行动以保护和改善那些与他们自己的利益相一致的整个社会的福利”。国内学者对企业社会责任也有不同的界定。《市场经济百科全书》中则将企业社会责任定义为“企业社会责任是指企业为所处的社会福利而必须关心的道义上的责任”。刘俊海（1999）指出“公司的社会责任是指公司不能仅仅以最大限度地为股东们营利或赚钱作为唯一存在的目的，而应当最大限度地增进股东利益之外的其他所有社会利益”。还有的观点认为企业社会责任是企业为所处的社会的全面发展和长远利益而必须关心、全力履行的责任和义务，表现为企业对社会的适应和发展的参与。企业社会责任是指企业在争取自身的生存与发展的同时，为维护国家、社会与人类的根本利益，对社会履行的职责、应做的奉献和应尽的义务。

作为吉林省金融文化实行主体的商业银行金融机构来说：商业性金融机构社会责任不仅是商业性金融机构存在的使命，而且是商业性金融机构实现可持续发展必须面对的现实。它不仅是一种道德和良知的呼吁，而且正逐步成为道德和制度的约束；不仅是一种理念、文化，更是商业性金融机构自愿作出的承诺。面对越来越激烈的市场竞争和可持续发展的挑战，商业性金融机构的社会形象、声誉和商业性金融机构的诚信、品牌一样重要。取得社会公信的商业性金融机构更会被市场青睐。商业性金融机构要想获得成功，管理者在做出决策的时候，必须像对待经济问题一样，把承担社会责任作为商业性金融机构战略的重要组成部分，考虑对员工的法定义务和道德责任，政策和措施应促进银行内部的和谐；制定战略必须考虑是否有利于公众利益、生态环境、社会进步和社区和谐。

6.5.2 企业社会责任视角下的吉林省金融文化

对商业性金融机构来说，其社会责任是指商业性金融机构在追求赢利、实现股东利润最大化过程中，还要主动维护非股东的利益相关方如债务人、员工、金融消费者的利益，积极参加促进环境保护、金融服务普惠的均等性与便利性等社会公益性事业。

第一，从经济责任看，强化金融机构经济责任是推动金融文化建设的基础。经济责任是现代市场经济条件下企业最基础也是最重要的责任。商业性金融机构作为企业，是现代社会中基本的经济单位之一，因此，它有责任为全社会提供所需要的产品和服务，商业性金融机构所有其他责任都建立在这一责任的基本假设之上。对经济责任的理解，需要从两方面的内容加以理解和把握：一方面，从作为经济组织的性质看，商业性金融机构经济责任的核心是赢得利润。赢得利润的前提是提高资源使用效率，包括降低交易成本、提高资金的使用效率、为社会提供所需要的产品和服务等；若不能，商业性金融机构就没有承担相应的企业经济责任。另一方面，商业性金融机构不能以牺牲社会福利为代价来获取利润，而要以一种合法合理的方式实现其经济责任。衡量商业性金融机构效率的标准，应该兼顾企业自身效益与社会效率的统一，即首先应体现为商业性金融机构本身支出的减少或收入的增加，还应当表现为以一定方式使社会生产的总成本减少或总收益增加，这就要求商业性金融机构在实现其经济责任时，必须以增进社会福利为目的，采取合法合理的方式。

第二，从法律责任看，强化金融机构法律责任明确了金融文化建设的合规性、合法性的方向和范围。法律责任就是法律法规规定商业性金融机构必须承担的责任，是对商业性金融机构的一种硬性约束。在法律上，商业性金融机构作为实现经济目标的法律实体，其经济责任包含在法律责任之中，因而商业银行的经济责任与法律责任在实际上是很难区分开的。制定商业性金融机构的一般经济发展目标，不需法律的特别要求，而不论商业性金融机构自身的利益是否受影响，商业性金融机构都必须按法律规定承担法律责任。

第三，从道德责任看，强化金融机构道德责任明确了金融文化建设的核心价值。通常而言，企业的道德责任是指企业在生产经营活动中自觉履行社会所希望或者禁止而又未写进法律的，某些为社会普遍认同的伦理准则和道德规范，它是商业金融机构金融文化的核心价值。“法律是显露的道德，道德是隐藏的法律。”道德责任不在法律要求范围之内，但是为社会中其他成员所期待。在现实生活中，法律责任涵盖不了社会对商业性金融机构的所有期望行为，出现这种情况的原因主要有：一是法律规范不必要、也不可能覆盖商业性金融机构可能面对的所有问题或情况；二是法律本身具有滞后性，通常要滞后于经济社会的发展要求，包括那些被认为是合适的新行为或新观念；三是法律是由立法者制定的，因此，法律可能体现了立法者的个人利益和政治动机。从这个意义上来看，道德责任弥补了法律责任的不足。商业性金融机构是社会经济组织，同时也扮演着“企业公民”的角色，成为在地位上等同于人的实体。因此强化金融机构道德责任建设，不仅能感召那些与商业金融机构相关联的主体，如企业、员工、客户

（企业、个人），带动和提升他们的道德水准，而且能借助同业竞争加大增进金融同业间道德责任建设的压力，成为整个社会防范金融道德风险的有力途径。

第四，从慈善责任看，强化金融机构慈善责任是提升金融文化建设社会层次的动力。慈善责任是指那些社会和法律法规没有明确要求的责任，如支持社区项目和慈善事业等。这些慈善性的、志愿性的责任是纯自愿的，只取决于商业性金融机构从事这些社会活动的意愿。道德责任和慈善责任是有区别的，后者一般不是道德上的要求，处于社会责任范畴较高层次。商业金融机构强化自身的慈善责任，成为增强社会责任的牵引力，有助于提升商业金融机构自身文化建设品位，进一步稳固商业金融机构在社会中的地位和影响，从而成为提升整个社会金融文化建设社会层次的动力。

第五，从社会责任整体和内部关系看，强化金融机构社会责任体系建设是提升金融文化建设系统性和全面性之关键。在金融机构社会责任体系中，经济责任、法律责任、道德责任和慈善责任这四部分内容不是相互排斥的，而是同时存在于商业性金融机构各种经营管理活动和社会管理活动之中的，它们四者是一个有机整体，相互影响和相互促进。同时商业性金融机构的这些社会责任组成部分又分别属于基础层次责任和高级层次责任两个层次。基础层次责任包括经济责任与法律责任，体现的是企业社会责任的他律层次，是企业社会责任中的基础层次，是社会对商业性金融机构的基本要求，也是商业性金融机构生存和发展的前提条件；高级层次责任包括道德责任与慈善责任，体现的是企业社会责任的自律层次，是企业社会责任的核心层次，是社会对商业性金融机构更高层次的要求。道德责任与慈善责任是未法律化的、由商业性金融机构自愿承担且以政府强制力以外的其他手段作为其履行保障的责任，其主要内容存在于一定的社会道德意识之中，往往借助人们的言行与道德评价表现出来。这种责任只能通过提升商业性金融机构的责任感，教育、规劝、鼓励与舆论等非法律手段来确保其承担，这实际上是对商业性金融机构的“软约束”，而且是一种最高的无形约束。因此，强调商业性金融机构社会责任体系的整体性和有机性，有助于引导商业性金融机构向更高层次发展和努力，是提升金融文化建设系统性和全面性的关键所在。

6.5.3 吉林省金融文化实现企业社会责任的途径

第一，合理运用信贷杠杆高效配置资源，是增强社会责任、建设金融文化的基础。商业性金融机构最为基础和关键的社会责任就是要引导社会金融资源高效配置，特别是信贷资源。商业银行作为公共资源再分配的主体之一，不能单纯地坚持完全市场经济中等价交换和利益最大化原则。在信贷资源配置过程中，商业银行要按照国家的宏观政策进行资源配置，要围绕国家货币信贷政策导向，积极支持中小民营企业发展，支持科技创新型企业发展，支持环保型、低能耗型企业发展。商业银行不能将信贷资源投向高能耗、低效益、环境污染严重、低水平重复建设的项目，否则商业性金融机构履行社会责任就无从谈起，将失去合理合法的基础。

第二，围绕客户需求不断完善服务质量和方式，是增强社会责任、建设金融文化的要求。为客户提供优质服务既是商业性金融机构本职职能之一，也是商业性金融机构应承担的社会责任。显然，服务质量越高，客户得到的服务越优，社会责任就履行得越好。商业性金融机构真正出售的产品是服务，商业性金融机构的根本利润来源于服务。因此，商业银行要围绕客户的需求创新服务。商业性金融机构服务创新并不仅仅指柜台过程（如微笑服务、规范服务和提高服务效率），还指信贷产品环节、支付结算和中间业务等产品和方式，更主要的是要把服务的概念扩展到柜台之外，把服务的范围推广到交易发生之前、发生之后（如售后服务、信贷投向的贷后跟踪）。

第三，不断进行金融创新，是实现社会责任和建设金融文化的动力和要求。现代市场经济的本质就是竞争及由竞争带来创新。商业性金融机构的发展要讲究金融创新，只有不断地创新才能满足社会各阶层的金融需求。金融创新的本质是用新的方式为客户提供具有更多价值的金融产品，为广大客户创造更多的价值。整个社会金融业要发展，必须要在多个方面对稀缺的金融资本进行配置，以满足整个社会的多元化、多层次的发展需求。从各方面反映的情况看，当前商业性金融机构在满足客户的特定需要方面做得还不够，特别是在中小企业的融资、个人融资、个人住房贷款以及个人保险和个人理财等方面，商业性金融机构有许多地方未能有效满足客户的需求，还有进一步创新的空间，需要进一步加大创新力度，以满足整个社会的金融需要。更重要的是商业性金融机构在业务发展中要关注和扶持社会弱势群体，让社会的各个层面享受到更多、更优质的金融服务。

第四，严格诚实守信，是实现社会责任和建设金融文化的根本要求。商业性金融机构是信用中介组织，经营的就是信用。商业性金融机构诚信经营的根本出发点就是要保护存款人的利益，保证客户资金的安全。除此之外，商业性金融机构还要改进服务方式，为诚实守信者提供稳定、连续、快捷和优惠的获信渠道。凡是按期还本付息、经营状况正常和符合有关条件的，都要随时提供所需的信贷资金，让诚实守信者真正获得实惠。要营造公平、公正、高效和透明的银行信用获得渠道，明确信用的导向性，真正做到对每个受信者的条件要求相互一致，逐步建立起获得银行信用的规模和等级机制。

第五，合规依法纳税，是实现社会责任和建设金融文化的基本责任和要求。国家繁荣、企业兴旺和人民富裕是相辅相成的，商业性金融机构的发展壮大更是离不开这个大环境。依法纳税不仅是利国利民，更有利于商业性金融机构自身的长远发展。纳税是每个商业性金融机构应履行的责任，要始终把纳税信誉与企业信誉放在同等重要的位置，积极组织学习国家各项税收法规，以遵章纳税为己任，视依法纳税为义务，主动接受税收管理，如实申报缴纳各项税收。

第六，积极支持社会公共事业，是强化社会责任和建设金融文化的社会基础。商业性金融机构积极支持社会公共事业，既利于商业性金融机构树立良好的社会形象，更是消除垄断带来的弊端的一种补充形式。著名香港爱国实业家李嘉诚先生曾指出“市场竞争和社会责任每每两难兼顾，若不能增进福祉，经济的作用又是为了什么？漠视此问题，我们将付出高昂的代价”。因此，商业性金融机构不仅要学会怎样获取利润，还要学习如何使用这些利润，即取之于社会、造福于社会。商业性金融机构必须增强社会责任意识，积极参加一些社会公益活动，包括一些社会捐赠活动，获取社会的包容与理解。

第七，不断优化自身的资源配置，是实现社会责任和建设金融文化的努力方向。商业性金融机构在改革过程中，为了增效而减员，这似乎是天经地义的市场规律；但从效益角度看，商业性金融机构在整个社会企业群体中属优势群体，若考虑到社会责任，就不应该为增效进行消极的减员，而应通过增加业务品种、增加就业岗位和创新工作机制来增效，从而减少社会压力，为维护社会安定履行应有责任。同时，商业性金融机构还应保持企业内部的稳定发展，构建内部和谐的管理者与被管理者关系，建立科学的薪酬体系，激发员工的工作热情和积极性，成为社会体系中最稳定、最具活力和最具示范效应的窗口行业。

第八，实行科学管理，是实现社会责任和建设金融文化的技术要求和发展方向。商业性金融机构是公共资源配置机构，其影响和效应波及社会各个方面和层面。只有通过科学的管理，才能保护客户、存款人、贷款人和股东的利益。要加强防范各种金融案件，进一步降低经营风险，提高资金使用效益。当前我国金融业正处于体制性与制度性变革的特殊历史阶段，这是一个黄金发展期与矛盾凸显期并存的关键时期。在这个关键时期，商业性金融机构必须树立科学的发展观，着力打造健康、稳健和可持续发展的好金融企业，要着重把握好四个方面：一是健全和完善公司治理，加快金融体制创新步伐，建立和完善规范的董事会制度，建立专业化的经营管理团队，发挥好监事会的监督和制约作用；二是建立和强化资本约束机制，摆脱盲目发展行为，实现增长方式和经营模式转变；三是改革和创新内控体系，建立市场化人力资源管理体制和有效的激励约束机制，建立和完善金融机构发展战略；四是引进和应用现代金融企业管理方法和技术，与国际惯例接轨。

第九，强化责任文化，是实现社会责任和建设金融文化的本质要求。商业性金融机构的文化体现在如何对待他人、对待自己，如何对待所处的自然环境。这是所有商业性金融机构必须探索和琢磨的。金融文化建设体现了商业性金融机构的社会责任内涵，必须把社会责任作为企业文化培育和再造的一个重要内容。当然，仅有一个好的理念还不能说明这个企业就是有责任感的，更重要的是要有有影响力的具体行动。为此，商业性金融机构要切实做好员工思想教育工作，不断增强员工的责任意识和社会公德意识，努力培育责任文化。

第十，依法经营和合法竞争，是实现社会责任和建设金融文化的指导方向。商业性金融机构要进一步转变观念，主动避免违规事件发生，主动发现并采取适当措施纠正已发生的违规事件，而不应被动接受合规性检查，要建立和完善有效管理、合规经营的运行机制；要进行组织架构和业务流程的再造，使依法合规经营原则真正落实到业务流程的每一个环节乃至每一位员工，努力增强广大员工的依法经营和合法竞争意识；要通过合规机制建设及合规文化的渗透，为金融机构的业务管理垂直化和组织结构扁平化改革提供必要的合规支撑。

新世纪吉林省金融文化将在中国共产党的领导下迎来吉林省金融文化的伟大腾飞。全面建设吉林省金融业的实现是吉林省地区特色的金融文化的重要里程碑，是吉林省金融业伟大腾飞的前奏。吉林省金融的崛起必然要求吉林省金融文化的崛起，吉林省由金融文化资源大省向金融文化产业强省的转变必然要求以金融文化发展战略指导。可以预见，吉林省金融文化发展战略的实施，对于巩固改革开放以来我省文化建设的成果，为新世纪本省经济、政治、文化、社会和谐协调发展，将打下更加坚实的基础；对我省稳步推进并顺利实现金融现代化的宏伟目标，将产生强大而深远的推动与促进作用。

参考文献

[1] 毛泽东选集（1—4卷）[M]. 北京：人民出版社，1991.

[2] 邓小平文选（第2卷）[M]. 北京：人民出版社，1994.

[3] 邓小平文选（第3卷）[M]. 北京：人民出版社，1993.

[4] 中共中央文献研究室编. 江泽民论有中国特色社会主义（专题摘编）[C]. 北京：中央文献出版社，2002.

[5] 江泽民. 论“三个代表”[C]. 北京：中央文献出版社，2001.

[6] 江泽民. 论科学技术 [C]. 北京：中央文献出版社，2001.

[7] 胡惠林. 中国国家文化安全论 [M]. 上海：上海人民出版社，2005.

[8] 胡惠林，李康化. 文化经济学 [M]. 上海：上海文艺出版社，2003.

[9] 胡惠林. 文化产业学 [M]. 北京：高等教育出版社，2006.

[10] 李道中. 中国特色社会主义文化 [M]. 北京：经济科学出版社，1998.

[11] 李道中. 社会主义文化建设 [M]. 青岛：青岛出版社，1997.

[12] 皮尔森. 文化战略 [M]. 北京：中国社会科学出版社，1992.

[13] 曹泽林. 国家文化安全论 [M]. 北京：军事科学出版社，2006.

[14] 陆祖鹤. 文化产业发展方略 [M]. 北京：社会科学文献出版社，2006.

［15］韩永进．新的文化发展观［C］．北京：文化艺术出版社，2006.

［16］欧阳友权．文化产业通论［M］．长沙：湖南人民出版社，2006.

［17］罗争玉．文化事业的改革与发展［M］．北京：人民出版社，2006.

［18］崔常发．江泽民社会主义理论创新研究［M］．北京：人民出版社，2006

［19］刘玉珠，柳士发．文化市场学［M］．上海：上海文艺出版社，2002.

［20］孙安民．文化产业理论与实践［M］．北京：北京出版社，2005.

［21］花建．软权力之争：全球化视野中的文化潮流［M］．上海：上海社会科学院出版社，2001.

［22］范恒森．金融制度学探讨［M］．北京：中国金融出版社，2000.

［23］颜戌顺．吉林省金融发展对经济增长的影响研究［D］．长春：东北师范大学，2012.

［24］邱雪．吉林省金融生态环境建设研究［D］．长春：吉林大学，2011.

［25］徐景波．吉林省保险市场竞争态势研究［D］．长春：东北师范大学，2010.

［26］王得春．吉林银行市场营销管理研究［D］．长春：吉林大学，2009.

［27］王慧．吉林省软实力提升对策研究［D］．长春：吉林大学，2013.

［28］张宝宗．吉林省文化产业发展研究［D］．长春：吉林大学，2012.

［29］李淼．吉林省文化产业发展战略研究［D］．长春：长春工业大学，2012.

［30］邓显超．中国文化发展战略研究［D］．北京：中共中央党校，2007.

［31］李茂群．十七大以来中国文化发展战略研究［D］．福州：福建师范大学，2012.

［32］宋军．中国共产党文化发展战略思想研究［D］．广州：华南理工大学，2011.

［33］孟宏．文化发展与提升城市综合竞争力［D］．上海：上海社会科学院，2006.

［34］王树祥．当代中国文化创新研究［D］．北京：北京师范大学，2005.

［35］吕鹰飞．对吉林省金融文化建设的思考［J］．长春金融高等专科学校学报，2011（4）．

［36］陈广志，尚文秀．对金融文化若干问题的思考［J］．社科纵横，2006（12）．

［37］唐双宁．关于金融文化的十个基本观点［J］．中国金融，2011（12）．

［38］李扬．创新是金融体系发展的生命线［J］．现代商业银行，2005（2）．

［39］洪民胜，徐文德．基层金融机构如何加强金融文化建设［J］．海南金融，2004（11）．

［40］施晓春．关于金融文化建设若干问题的思考［J］．长春金融高等专科学校学报，2012（2）．

[41] 唐双宁. 关于金融文化问题的几点思考 [J]. 中国金融家，2011 (2).

[42] 尹海英. 解读金融文化 [J]. 长春金融高等专科学校学报，2013 (1).

[43] 王绥霆. 金融文化建设要坚持以人为本 [J]. 海南金融，1997 (1).

[44] 张望. 金融文化趋同在我国区域金融合作中的作用 [J]. 上海金融，2010 (1).

[45] 唐双宁. 金融文化的建设之道 [J]. 现代企业文化，2011 (4).

[46] 唐双宁. 培育优秀金融文化，提升金融软实力 [J]. 求是，2011 (24).

[47] 芮莉. 论经济发展中的金融作用与金融风险 [J]. 云南财贸学院学报，1999 (3).

[48] 刘钊. 强化商业金融机构社会责任是当前金融文化建设的着力点 [J]. 发展研究，2012 (4).

[49] 郭宏之. 文化金融——加强金融文化建设的新视野 [J]. 南京金融高等专科学校学报，2000 (3).

[50] 魏革军. 文化是金融健康发展的源泉 [J]. 中国金融，2009 (10).

[51] 王新. 我国金融文化创新的战略构想 [J]. 理论探索，2004 (2).

[52] 李长健，曹俊. 我国农村金融市场的文化导向机制研究 [J]. 上海交通大学学报：哲学社会科学版，2007 (4).

[53] 张鹏超. 以“人本金融”价值理念推动金融文化的创新 [J]. 金融文化，2011 (5).

[54] 王丹. 吉林省发展物流金融的SWOT分析及战略研究 [J]. 劳动保障世界, 2013 (8).

[55] 吉轩文. 指导全省文化改革发展的纲领性文件 [J]. 新长征, 2012 (1).

[56] 田毅鹏. 区域文化与社会发展——以吉林区域文化为中心 [J]. 社会科学战线, 2002 (6).

[57] 漆思. 提升吉林地域文化的战略思考 [J]. 社会科学战线, 2003 (5).

[58] 黄旭东. 论文化全球化背景下的当代中国文化发展战略 [J]. 河南社会科学, 2009 (5).

[59] 杜艳华, 李玉华. 改革开放条件下中国现代化文化发展战略 [J]. 理论界, 2008 (12).

[60] 李宁. 国内区域文化发展战略比较 [J]. 学海, 2009 (6).

[61] 潘源. 凝聚文化力量, 铸就兴国之魂 [J]. 视野, 2012 (6).

[62] 魏波, 程旺, 江昊亮. 关于金融文化体系建设的探讨 [J]. 武汉金融, 2005 (8).

[63] 杜建良. 浅谈金融企业文化建设的意义、现状与策略 [J]. 河北金融, 2008 (4).

[64] 冯惠明. 浅谈我国的文化发展战略 [J]. 宏观经济研究, 1987 (12).

[65] 任小珑. 从IFO透视法国国家文化战略 [J]. 欧洲研究, 2003 (3).

[66] 贾玉长. 文化保护与市场化进程中的法国广电业 [J]. 当代传播, 2001 (4).

[67] 李长春. 全面落实科学发展观，深入推进文化体制改革［J］. 求是，2006（10）.

[68] 王树祥. 论先进文化创新的内涵［J］. 学术论坛，2005（4）.

[69] 石中英. 论国家文化安全［J］. 北京师范大学学报：社会科学版，2004（3）.

[70] 李道中. 提高建设社会主义先进文化的能力［J］. 理论视野，2005（2）.

[71] 李道中. 构建社会主义市场经济相适应的现代文化［J］. 科学社会主义，2005（3）.

[72] 于文俊. 党的三代领导核心对中国社会主义文化建设的探索［J］. 宁夏党校学报，2004（2）.

[73] 许晓春. 中共三代领导集体对发展先进文化的战略思考［J］. 当代世界与社会主义，2003（3）.

[74] 孔德永. 中国共产党文化战略的流变［J］. 山东科技大学学报：社会科学版，2004（2）.

[75] 付建明. 中国特色社会主义文化建设基本战略问题初探［J］. 四川行政学院学报，2004（4）.

[76] 何一成，权宗田. 论江泽民文化战略思想的科学内涵［J］. 湖南师范大学社会科学学报，2003（6）.

[77] 谢晓娟. 文化全球化的挑战与跨世纪的中国文化战略［J］. 河南教育学院学报：哲学社会科学版，2002（2）.

[78] 薛晓源. 全球化与文化战略研究［J］. 马克思主义与现实，2003（4）.

[79] 刘晓芳. 全球化与我国文化发展战略的选择［J］. 学术交流，2003（11）.

［80］黄家盛．全球化的价值冲突与我国文化发展战略［J］．理论建设，2004（4）．

［81］孙家正．关于战略机遇期的文化建设问题［J］．文艺研究，2003（1）．

［82］孙万菊．文化主权、经济主权和政治主权［J］．科学社会主义，2005（2）．

［83］潘一禾．当前国家体系中的文化安全问题［J］．浙江大学学报：人文社科版，2005（2）．

［84］田改伟．试论我国意识形态安全［J］．政治学研究，2005（1）．

［85］石中英．论国家文化安全［J］．北京师范大学学报：社会科学版，2004（3）．

［86］骆莉．韩国的文化发展战略与文化产业的发展［J］．东南亚研究，2005（3）．

［87］韩源．中国国家文化安全形势评析［J］．当代世界与社会主义，2004（4）．

［88］花建．发展中国对外文化贸易的战略视野［J］．探索与争鸣，2005（6）．

［89］王彤．我国文化发展战略的立论基础［J］．理论学习，2005（3）．

［90］朱相远．中国文化产业发展战略［J］．经济界，2002（5）．

［91］罗华素，等．金融文化概论［J］．江西社会科学，1995（10）．

［92］梅世云．从金融本质看金融文化［N］．金融时报，2011-12-23（10）．

［93］方星海．良好金融文化需具备三个概念［N］．上海证券

报，2007 - 11 - 17（3）.

［94］李武华，等. 吉林省金融运行报告（2012 年第三季度）［N］. 吉林日报，2012 - 11 - 19（10）.

［95］魏其军. 品牌和文化是关键［N］. 金融时报，2011 - 06 - 24（11）.

［96］唐双宁. 中国金融文化：利信义道［N］. 金融时报，2007 - 11 - 09（10）.

［97］永春. 韩国发展文化产业的战略和措施［N］. 中国文化报，2003 - 08 - 15.

［98］李忠杰. 论建设和谐文化［N］. 光明日报，2006 - 10 - 09.

［99］王蒙. 文化大国建设刍议［N］. 人民日报，2004 - 01 - 16.

［100］王蒙. 全球化视角下的中国文化［N］. 光明日报，2006 - 06 - 01.

［101］沈卫星. 中华文化走向海外［N］. 光明日报，2006 - 03 - 30.

［102］孙家正. 关于文化创新问题［N］. 光明日报，2003 - 09 - 03.

［103］高材林，等. 2012 年吉林省金融运行报告［N］. 吉林日报，2013 - 02 - 07.

［104］吉林省人民政府. 吉林省 2012 年发展报告［EB/OL］. 2013 - 03 - 02［2013 - 10 - 02］. http：//www. jl. gov. cn/jlgk/fzbg/

［105］吉林省统计信息网. 吉林省 2012 年国民经济和社会发展统计公报［EB/OL］. 2013 - 03 - 19［2013 - 11 - 02］. http：//tjj. jl. gov. cn/tjgb/ndgb/201303/t20130313_ 1428383. html.